DE LA

COMPENSATION

DES DÉPENS

ARTICLE 131 DU CODE DE PROCÉDURE CIVILE

PAR

MARCELIN BOUISSOU

JUGE AU TRIBUNAL DE BONNEVILLE.

(ARTICLE EXTRAIT DE *LA FRANCE JUDICIAIRE*)

PARIS

A. DURAND et PEDONE-LAURIEL, Éditeurs,

LIBRAIRES DE LA COUR D'APPEL ET DE L'ORDRE DES AVOCATS

G. PEDONE-LAURIEL, SUCCESSEUR

13, rue Soufflot, 13.

1883

DE LA

COMPENSATION

DES DÉPENS

ARTICLE 131 DU CODE DE PROCÉDURE CIVILE

PAR

MARCELIN BOUISSOU

JUGE AU TRIBUNAL DE BONNEVILLE.

(ARTICLE EXTRAIT DE *LA FRANCE JUDICIAIRE*)

PARIS

A. DURAND et PEDONE-LAURIEL, Éditeurs,

LIBRAIRES DE LA COUR D'APPEL ET DE L'ORDRE DES AVOCATS

G. PEDONE-LAURIEL, SUCCESSEUR

13, rue Soufflot, 13.

1883

DU MÊME AUTEUR

De la distraction des dépens; sa nature et ses effets. 1880, in-8°. . 1 fr.

De la condamnation aux dépens; article 130 du code de proc. civ. 1881, in-8°. . . . . 2 fr.

De la compensation des dépens; article 131 du code de proc. civ. 1883, in-8°. . . . . 2 fr.

Commentaire sur l'article 132 du code de proc. civ. (en préparation).

DE LA COMPENSATION DES DÉPENS

ARTICLE 131 DU CODE DE PROCÉDURE CIVILE

§ 2.

Si vous demandez à la philologie le sens du mot *compensation*, vous trouverez qu'il se compose de *pensatio*, qui signifie examen, estimation, balance et de *cum*, qui indique la réciprocité. Dans son acception étymologique, le mot compensation exprime donc l'idée de deux choses, qui se contrebalancent, se neutralisent quant à leur prix, à leur poids ou à leur valeur ; l'idée du dédommagement d'une perte par un profit, d'un inconvénient par un avantage. C'est dans ce sens littéral et usuel, il ne faut pas s'y tromper, qu'ont été prises les expressions de l'article 131 du code de procédure civile : « pourront néanmoins les dépens être *compensés*... : les juges pourront aussi *compenser* les dépens.... » Abusée par l'emploi de ces termes qui, dans la langue du droit, possèdent une signification spéciale et technique, la généralité des auteurs a cru voir dans cet article un mode de compensation semblable à celle que régissent les articles 1289 et suivants du code civil. Nous établirons plus tard que la tradition historique, les précédents de la question, la lettre et l'esprit de la loi repoussent cette manière de voir. Cependant, c'est à cette confusion entre deux opérations juridiques très distinctes et n'ayant entre elles d'autres liens de parenté qu'une similitude de nom, qu'il convient de faire remonter les incertitudes, les divergences et les obscurités, dont la doctrine et la jurisprudence contiennent à ce sujet de trop nombreux exemples. Voyons, en effet, dans un rapide aperçu, comment prennent naissance ces deux espèces de compensation.

Celle du droit civil repose sur cette idée bien simple, qu'au lieu de recourir à un payement réciproque, il vaut mieux que deux personnes, respectivement obligées l'une envers l'autre, soient tenues pour libérées de leurs obligations. C'est un payement mutuel et abrégé, *debiti et crediti inter se contributio*[1], qui procure, comme l'auraient fait deux remboursements effectifs, une commune libération. Pour conserver au mot compensation son origine étymologique, chacun des débiteurs, au lieu de rendre d'une main ce qu'il aura reçu de l'autre, place, pour ainsi dire, le montant de sa dette dans l'un des plateaux de la balance. Si les bras du levier restent en parfait équilibre, les deux dettes étant égales, elles se neutralisent; partant il y a

1. MODESTIN, L. I. ff. *Compensationibus.*

extinction totale des deux créances. Si, au contraire, l'un des bassins entraîne l'autre, les dettes étant inégales, l'appoint nécessaire pour rétablir l'équilibre représentera exactement la somme n'entrant pas en compensation et dont le plus fort créancier aura le droit de poursuivre le remboursement. Voilà la compensation légale ou de plein droit, c'est-à-dire, celle où deux dettes se sont trouvées simultanément éteintes, dans la limite de la plus faible, à partir du moment même où elles ont existé à la fois. Et alors, il reste à noter les points suivants : 1° la compensation du code civil est produite par la seule force et autorité de la loi; 2° elle ne dépend pas de la volonté du juge, qui se borne simplement à reconnaître son existence; 3° elle ne suppose que deux personnes débitrices l'une envers l'autre; 4° la solution qu'elle procure est immédiate, rigoureuse, mathématique; 5° enfin, les objets placés dans la balance sont des dettes, dont la quotité est certaine et parfaitement déterminée. Nous ne tarderons pas à voir qu'aucune de ces conditions, essentielles et inséparables de la compensation des articles 1289 et suivants du code civil, ne se rencontre dans la compensation des dépens.

Passons maintenant à l'article 131, qui se divise en deux paragraphes. Tout d'abord, il convient d'éliminer, quant à présent, la première disposition de cet article, qui, cela saute aux yeux, ne supporte pas de rapprochement possible avec la compensation du droit civil. Ici, en effet, ce n'est plus la coexistence de deux dettes qui éteint les obligations; c'est la seule qualité des personnes, qui est prise en considération, sans rechercher si elles se trouvent respectivement créancières et débitrices l'une de l'autre. En fait, dans un procès deux adversaires se trouvent en présence : celui-ci, partie victorieuse, a un droit de répétition à exercer pour obtenir le payement de ses propres déboursés, celui-là, partie vaincue, doit la totalité des dépens occasionnés, de part et d'autre, par la contestation. En vérité, singulière compensation serait celle qui se produirait dans de pareilles circonstances! On le voit donc, sans aucun doute possible, l'expression « pourront les dépens être compensés », a été prise dans son acception usuelle. Le législateur a parlé ici le langage de tout le monde. Traduite en termes plus simples, sa pensée a été celle-ci : il est assez malheureux que des différends troublent parfois l'union et la concorde, si désirables entres les membres d'une même famille, sans fournir à ces luttes, toujours affligeantes, de nouveaux motifs d'en prolonger l'existence, au delà du moment où les tribunaux ont prononcé sur le litige. Permettre à un fils, par exemple, de répéter contre son père succombant, les avances qu'il a faites, ce serait jeter entre ceux que la nature a voulu réunir de nouveaux germes d'aigreur et de discorde; ce serait compromettre un rapprochement possible et donner des gages de durée à une mésintelligence, peut-être passagère. Ces considérations, de l'ordre le plus élevé, ont amené les rédacteurs de l'article 131 à introduire, en faveur d'une certaine catégorie de parents, une exception à la règle si sage, d'après laquelle tout individu doit, en définitive, supporter les dépens, motivés par ses injustes prétentions. De là est né le tempérament apporté à l'article 130.

Sans avoir à tenir compte, ont-ils dit, de la témérité des parties en cause, les juges auront la latitude de répartir les frais de la manière la plus conforme aux intérêts bien entendus des plaideurs, lorsque ceux-ci seront des parents, dont la loi a fourni l'énumération. Si l'un d'eux se voit ainsi privé du bénéfice du droit commun et de la faculté d'obtenir contre le perdant le remboursement de ses avances, cette perte *sera compensée* par l'avantage d'avoir sacrifié à la paix de la famille, et de n'avoir pas fait servir son triomphe à irriter les susceptibilités d'amour-propre d'un parent vaincu. Sans insister plus longuement, il est de toute évidence que le premier aliéna de l'article 131 consacre une dérogation formelle à l'article 130. C'est pour cela que l'examen de cette disposition ne serait pas ici à sa place et qu'il est nécessaire de l'ajourner au moment où nous passerons en revue les *exceptions à l'article 130*[1].

Suivant nous, la seconde partie de l'article 131 n'est, à bien considérer, qu'une suite, une conséquence, un corollaire de l'article précédent. Ses prévisions portent sur cette hypothèse très fréquente au palais : celle où les parties n'ayant pas obtenu complet gain de cause sur l'ensemble des conclusions par elles prises, chacune d'elles se trouve avoir succombé dans une certaine mesure. Or le vœu bien positif du législateur et de la justice réclame, contre toute personne, qu'elle ait à supporter une part proportionnelle des frais correspondant au degré de ses torts, au *quantum* pour lequel elle est déclarée avoir outrepassé la limite de son droit. A première vue, rien ne paraît plus simple que d'opérer une répartition exacte entre litigateurs, dont les prétentions respectives ont partiellement échoué. On sait, en effet, que chaque chef de conclusion doit faire l'objet d'un jugement spécial : *tot capita, tot sententiæ;* donc rien ne semble moins compliqué que l'opération consistant à mettre, à la charge de chaque contestant, la portion de dépens afférente aux chefs de demande sur lesquels il a succombé. Malheureusement, cette division, d'une exactitude rigoureuse en théorie, ne s'adapte pas toujours, comme on le verra bientôt, aux exigences de la pratique. Il serait aussi illusoire de poursuivre la solution de la quadrature du cercle, que de vouloir établir une échelle donnant le degré précis de perte ou de gain d'un procès et la somme de dépens corrélative à cette perte ou à ce gain. La force même des choses a donc imposé au législateur l'obligation de s'en rapporter à la conscience et aux lumières du magistrat pour faire, dans les conditions prévues par l'article 131, § 2, une équitable application du principe général de l'article 130.

Pas plus dans ce deuxième alinéa que dans le premier, il ne saurait être question d'une véritable compensation. Comme précédemment, c'est dans une acception détournée de son sens juridique qu'il faut entendre ces mots : pourront aussi les juges compenser les dépens. Ici, ce ne sont plus des *dettes* dont il s'agit d'évaluer le poids respectif, ce sont les échecs et les succès de la lutte, qui sont placés dans les plateaux de la balance ; ce sont

1. V. *infrà*, p. 25.

aussi les torts réciproques des plaideurs, leur manière de procéder en justice qui sont *pesés* par les tribunaux. Ici, la compensation est facultative, il appartient au juge de la prononcer ou non; elle n'a pas d'effet rétroactif; elle est produite par le jugement et non *ipso jure;* ce n'est plus la différence entre deux dettes, accusée par le *pesage*, s'il est permis de parler ainsi, qui fixe le chiffre de la somme que le plus fort créancier aura le pouvoir de répéter; c'est le juge qui déclare, en vertu de son pouvoir discrétionnaire, la quotité des dépens incombant à chaque partie.

Dans le cours de cette discussion, nous aurons à revenir sur les différences fondamentales, qui distinguent la compensation civile de la compensation des dépens. Nous n'avons voulu, pour le moment, que prémunir le lecteur contre toute confusion entre ces deux opérations, pourtant si distinctes. L'exposé qui précède est suffisant, nous pensons, à démontrer que le mot compensation n'a pas été pris, dans notre article, dans son acception scientifique et que la loi vise simplement des cas non de *compensation,* mais bien de *répartition des dépens.*

Cette première rectification en appelle de nouvelles, non moins utiles, sans le secours desquelles la délicate matière, qui nous occupe, continuera à être soumise à des interprétations aussi multiples qu'incertaines. Ce n'est pas, en effet, l'usage impropre d'un mot qu'il importe surtout de relever, mais plutôt le défaut de précision, de clarté et de méthode, qui a présidé à la rédaction de l'article 131. Sans une inadvertance manifeste, comment expliquer la réunion, dans un même contexte, de deux dispositions complètement disparates et ne possédant entre elles d'autre rapport commun qu'une même latitude laissée au magistrat d'opérer, dans certains cas prévus, une compensation des dépens, pour nous servir de la locution habituelle? Comment justifier aussi l'ordre dans lequel ces deux dispositions ont été présentées? L'économie du code est incontestablement défectueuse; car, l'article 131, § 2, réglant la situation des parties qui *succombent respectivement sur quelques chefs,* devait suivre, sans interposition, l'article 130, lequel prévoit le cas où l'une des parties seulement *succombe sur tous ses chefs de demande.* Le deuxième paragraphe de l'article 131 n'est, comme on le voit, qu'un dérivé, une application du principe inscrit dans l'article 130. Or, dans toute matière, la raison exige qu'en première ligne la règle générale soit posée; viennent ensuite les règles particulières ; mais ce n'est qu'après épuisement des espèces régies par l'une ou l'autre de ces règles, qu'il devient possible d'aborder les exceptions. L'ordre et la logique assignaient donc le premier rang à la deuxième disposition de l'article 131. De plus, cette dernière devait faire l'objet d'un article spécial, afin d'éviter un rapprochement, démenti par la nature même des choses à réglementer, et de permettre de distinguer nettement la règle d'avec l'exception. Aussi, la rédaction confuse, adoptée par le législateur, a-t-elle eu pour résultat d'amener les commentateurs à considérer comme une véritable dérogation l'ensemble des prévisions de l'article 131. Erreur bien naturelle, si l'on se reporte aux premiers mots de ce texte : « Pourront néanmoins... » *Pourront...* mais c'est la faculté mise à la place des termes impératifs de la règle générale : toute partie qui succombe *sera condamnée* aux dépens. *Néanmoins*.., mais c'est une indication formelle que l'on va passer en revue les dérogations au principe de l'article 130 du code de procédure.

On le voit, l'article 131 est conçu dans des termes qui trahissent la pensée de ses rédacteurs. Quelques changements suffiraient à rendre facile l'intelligence de la loi. Ainsi les modifications suivantes pourraient être proposées :

Art. 130. — Toute partie qui succombe, même sur incident, sera condamnée aux dépens[1].

Art. 131. — Si, les torts réciproques étant égaux, les parties succombent respectivement dans la même mesure ou dans une mesure à peu près égale, elles seront renvoyées sans dépens ; si, les torts respectifs étant inégaux, l'une des parties succombe sur un nombre de chefs plus considérable que l'adversaire, il sera établi une proportion correspondant aux torts de chacun et à la mesure suivant laquelle chaque partie succombe[2].

Art. 131 *bis*. — Pourront néanmoins les dépens être répartis par portion égale ou inégale, ou bien les parties être renvoyées sans dépens, si celles-ci sont des conjoints, ascendants, descendants, frères et sœurs ou alliés au même degré.

Après les critiques, qui viennent d'être formulées et après nous être attaché à établir l'interversion commise dans l'ordre rationnel des matières réglementées par l'article 131, il est à peine besoin d'indiquer que nous ne suivrons pas le législateur dans sa marche et que notre examen portera tout d'abord sur le deuxième paragraphe de cet article.

I. — Dans le droit antéjustinien et jusqu'à la fin du troisième siècle de notre ère, on ne trouve pas trace de loi relative aux dépens. A partir de Théodose et de Justinien, les codes de ces empereurs[3], les institutes[4] ou les novelles[5] contiennent quelques dispositions éparses ayant trait aux frais de la procédure. Toutefois, le droit romain est muet relativement à la compensation des dépens et il n'existe pas de texte se rapprochant de notre article 131. M. Boncenne[6] est d'un avis contraire, croyant avoir découvert au code[7] une prescription analogue à celle de notre article. C'est là une méprise du savant auteur. Sans insister sur ce point secondaire, il suffira, pour dissiper toute hésitation, de rappeler les termes mêmes de la constitution. « Si le défendeur de bonne foi, disait Zénon, a payé la somme réclamée ; ou bien si le demandeur s'est désisté de son action ; ou bien si le juge estime que le contredisant n'a pas agi *par calomnie*, mais plutôt à cause des doutes

1. Rap. loi genevoise sur la procédure civile, art. 114.
2. *Ibid.*, art. 117.
3. *De fruct. et litium exp.*, l. 7, 51 ;—*De sportulis*, l. 3, 2 ;—*De sumptuum recup.*, l. 10, 20.
4. *De pœna temere litig.*, 4, 6.
5. Novelles, 82 et 112.
6. Théorie de la procédure civile, t. II, p. 526.
7. L. VIII, t. LI, l. 5, § 1.

que présentait le litige, il *évitera de prononcer la condamnation aux dépens.* » Toute analogie avec la loi française nous échappe. L'absence de condamnation n'est pas la compensation, car différents modes de recours sont ouverts pour faire réparer l'omission du juge[1]; le juge ne pourra éviter de prononcer sur les dépens, puisque le législateur lui impose le devoir de statuer à cet égard; l'action *par calomnie* n'a pas d'équivalent dans notre droit; l'exonération des frais de justice n'est pas attachée à la bonne foi du plaideur, mais bien à la légitimité de ses prétentions; enfin, la condamnation aux dépens était à Rome une véritable *peine* qui pouvait être élevée, *au profit du fisc*, jusqu'au dixième des frais exposés[2]. De nos jours, la condamnation aux dépens a dépouillé tout caractère pénal[3] ou de fiscalité, pour devenir une réparation, une indemnité due à celui que l'on déclare avoir contesté à juste titre. D'où il résulte qu'il n'existe entre la loi romaine et l'article 131 aucune assimilation possible.

Notre ancien droit observa, durant des siècles, un complet silence au sujet des dépens, silence qu'expliquent facilement les mœurs de l'époque. Sans parler du duel judiciaire, mode primitif et barbare de trancher les différends, pendant toute la période du moyen âge la perte d'un procès faisait encourir, à titre d'amende, la confiscation du dixième et même du vingtième[4] des objets contestés. Si l'on se rappelle l'usage autorisant les *ministres* et les auxiliaires de la justice à percevoir des présents, facultatifs à l'origine, mais convertis plus tard, sous le nom d'*épices*, en un droit très rigoureux d'après lequel les parties étaient tenues de réaliser ces épices en numéraire, sans répétition possible contre le perdant, il est clair que, dans une semblable civilisation, une règle analogue à celle de l'article 131 ne pouvait trouver place.

Cette revue rétrospective nous donne la clef des sévères prohibitions de l'ordonnance de 1667, défendant, de la manière la plus expresse, à tous les juges, de *prononcer par hors de cour* sans dépens. Statuer en ces termes, équivalait à dire que chaque partie aurait à supporter, sans recours aucun, le total de ses avances. Sous une autre forme de langage, cette expression répond exactement à celle donnée aujourd'hui à ces mots : *dépens compensés*, ou plus exactement encore : *compensation simple*, pour nous servir de la terminologie usitée par les commentateurs.

La défense, inscrite dans l'ordonnance, témoigne à elle seule des abus criants contre lesquels elle s'efforçait de réagir. Sous de vains prétextes « les cours de parlement, le grand conseil, la cour des aides et autres cours, les officiers de requête et du palais, ainsi que les autres juges[5] » favorisaient le plaideur puissant, ou libéral dans ses largesses. « L'équité, le partage

1. V. *De la condamnation aux dépens*, p. 62.
2. L. VIII, t. LI, l. 5, § 1, *in principio*.
3. V. *De la condamnation aux dépens*, p. 16.
4. Loi des Visigoths; — GUYOT, v° *Epices*; — DESFONTAINES, ch. XXII, art. 8; — MONTESQUIEU, *Esprit des lois*, liv. XXVIII, ch. XXXV.
5. Ordonnance de 1667, tit. XXXI, art. 1.

d'avis, où quelque autre cause[1] », tels étaient les motifs, dont on se servait pour colorer la complaisance coupable du magistrat. Toutefois, au mépris des efforts de la royauté pour extirper ces désordes, auxquels une durée de plusieurs siècles donnait un semblant de consécration, les tribunaux n'en continuèrent pas moins, après comme avant l'ordonnance, à régler arbitrairement la question des dépens. Les juges, dit Rodier[2], et surtout les cours souveraines, sont dans l'usage de faire dépendre la condamnation aux dépens des circonstances de la cause et quelquefois de la qualité des personnes ; ainsi tel qui succombera, même définitivement, ne sera pas condamné aux dépens, on les *compensera*. Les auteurs[3] sont unanimes à cet égard. Au reste, ce défaut de respect pour la défense inscrite dans l'ordonnance est loin d'être un fait isolé dans les annales judiciaires, de nature à surprendre, si l'on considère les graves atteintes portées trop souvent à la prérogative royale par les parlements. Tout le monde sait les tendances, chaque jour plus absorbantes, de ces derniers, qui finirent par opérer dans leurs mains cette confusion anarchique des pouvoirs législatif et judiciaire. Les arrêts de règlement, le droit de remontrance, le privilège d'accorder ou de refuser l'enregistrement des lois, la faculté pour les cours souveraines « d'apporter aux édits modification raisonnable[4] », constituaient, au profit de l'autorité judiciaire, une force contre laquelle vinrent toujours se briser les tentatives de réforme.

Cependant, un problème historique se pose et on se demande comment, en 1667, alors que la monarchie absolue était à son apogée, Louis XIV, si jaloux de son autorité, a pu la laisser méconnaître. Il est hors de doute qu'une tentative d'empiètement sur les droits royaux, qui se serait produite ouvertement eût été aussitôt réfrénée. Aussi, n'est-il pas sans intérêt de faire connaître par quel stratagème les prescriptions de l'ordonnance tombèrent dans l'oubli. Au mois de mars 1668, un édit, portant règlement pour les affaires du roi, autorisait les juges (art. V), à prononcer sur les dépens, d'après la nature de cause et sans obligation de condamner la partie succombante. Pour sortir du cas spécialement prévu par l'édit du roi et l'étendre à toutes les affaires, il suffisait d'une large interprétation, bien capable de tenter une magistrature, indocile aux ordres du législateur, et qui se voyait privée, par l'application de l'ordonnance de 1667, d'une source abondante de revenus. Cette interprétation pharisaïque prévalut et les plaideurs continuèrent, comme par le passé, à supporter les dépens, d'après l'intérêt ou le caprice du juge. Après Louis XIV et jusqu'à la loi du 14 août 1790, les frais de procédure devinrent de plus en plus excessifs et l'arbitraire des magistrats de plus en plus illimité. Témoin l'arrêt célèbre[5] par

1. *Ibid.*
2. Question sur l'ordonnance de Louis XIV, p. 471.
3. Rodier, *loc. cit.*; — Imbert, liv. I, ch. lii; — Lange, liv. IV, ch. lvii; — Mazuer et Fontanon, tit. 34; — Ferrière, v° *dépens*.
4. Fontenay, t. I, p. 271; — *Mercure français*, t. IV; — *Mémoires de Rohan*, t. I. p. 122.
5. 1773.

lequel Beaumarchais, alors emprisonné à Fort-l'Évêque, par lettre de cachet, fut condamné à plus de 100,000 francs de frais, malgré la permission obtenue d'aller, chaque jour, sous la surveillance d'un exempt, *solliciter ses juges*, suivant la coutume du temps[1].

En résumé, l'article 1er de l'ordonnance de 1667, inspiré uniquement par le désir de mettre un terme à de déplorables traditions, n'était, il faut le reconnaître, qu'une loi de circonstance, un expédient. Aussi, son adoption avait été combattue par les plus savants jurisconsultes. Interdire absolument de renvoyer les parties sans dépens, de répartir ceux-ci suivant la mesure des torts respectifs, c'était évidemment corriger un abus par un autre abus, faire une loi mauvaise pour remédier à l'application vicieuse d'un principe équitable; c'était compromettre ce grand intérêt social, qui a pour assises la cohésion des familles, en ordonnant de prononcer dans toutes les causes la condamnation aux dépens, sans tenir compte des liens étroits qui unissent parfois les parties litigatrices. L'article 1er de l'ordonnance était donc destiné à disparaître avec les causes qui lui avaient donné naissance. C'est ainsi que le code a consacré à la *répartition* des dépens l'article 131, à l'explication duquel seront consacrés les développements qui suivent.

III. — Sans avoir de nouveau à nous justifier de ne pas suivre la marche du législateur et de scinder en deux parties distinctes nos observations sur l'article 131, ces explications d'ensemble vont permettre de passer à l'étude de la deuxième partie de cet article. Le conseiller Treilhard[2] a dit que les dispositions relatives aux dépens ne sauraient faire l'objet d'une analyse, sans répéter les articles eux-mêmes. L'événement a complètement démenti cette déclaration et on verra que chacun des termes de notre texte mérite d'appeler un sérieux examen. L'article 131, § 2, porte : « les juges pourront aussi compenser les dépens, en tout ou en partie, si les parties succombent respectivement sur quelques chefs. »

Les juges... Doit-on comprendre dans cette qualification les magistrats de l'ordre administratif? Il est un point sur lequel nous ne voulons pas revenir, savoir que les dépens sont un accessoire du principal, dont ils suivent le sort[3]. Il paraît donc tout naturel qu'une juridiction, par le fait même qu'elle est compétente pour statuer sur le fond, doive également avoir compétence pour prononcer sur les dépens. C'est ce qui résulte du reste de la loi du 3 mars 1849[4] et du décret du 2 novembre 1864[5], qui déclarent applicables, en matière administrative, les règles du droit civil pour la condamnation et la compensation des dépens. Malheureusement, à côté de la loi qui pose un principe général, sans restriction aucune, se place la jurisprudence qui

1. V. Louis de Loménie, Beaumarchais et son temps.

2. *Exposé des motifs* de la loi relative à la procédure; séance du conseil d'État du 4 avril 1806.

3. De la condamnation aux dépens, *France judiciaire*, V, 1, 440.

4. Art. 42.

5. Art. 2.

distingue, elle, et établit, au profit de l'État, une situation exceptionnellement privilégiée. C'est ainsi qu'il a été consacré[1], par de nombreuses décisions, que l'État ne pouvait être condamné aux dépens, dans les contestations, dont l'objet ne rentre pas dans les termes de l'article 2 du décret de 1864. De même, le préfet ou le ministre, dans les instances où il défend un acte pris dans l'exercice de la puissance publique, n'est pas rendu passible des dépens, au cas où il succombe[2].

A la vérité, disons-le en passant, la justice et l'égalité reçoivent une atteinte moins flagrante, devant les tribunaux administratifs, que devant la juridiction de droit commun. Si le conseil d'État ou les conseils de préfecture ne prononcent pas de dépens à la charge de l'administration, au moins s'abstiennent-ils d'adjuger au profit de celle-ci, le montant de la condamnation aux dépens. Il en est tout autrement devant les tribunaux civils, et on se rappelle l'insistance que nous avons mise à combattre[3] ce vieil usage qui, prévalant contre la volonté expresse du législateur, a fait établir, au profit du ministère public, une exonération complète des dépens. Exonération inique ! Car le ministère public vient-il à succomber, la partie adverse supportera, sans répétition possible, les avances nécessitées par sa résistance à une poursuite déclarée injuste ; vient-il à triompher, aussitôt l'administration des domaines s'empressera de répéter contre le perdant tous les frais exposés par la partie publique. Irritante inégalité, dont la juridiction administrative nous épargne le facheux exemple !

Est-ce à dire que les décisions de cette dernière, pour être plus équitables, soient mieux conformes au vœu de la loi ? Nullement. En effet, le conseil d'État fonde sa doctrine sur cet unique motif, qu'aucune disposition de loi ou de règlement ne l'autorise à prononcer une condamnation aux dépens, à la charge ou au profit des administrations publiques. Cette théorie est purement spécieuse, car, dans les contestations entre particuliers, les tribunaux administratifs appliquent les articles du code de procédure civile, relatifs aux dépens. Cependant, la loi ou les règlements ne sont pas plus explicites dans un cas que dans l'autre. Pourquoi cette différence ? Bien plus, la raison mise en avant par le conseil d'État, pour justifier sa jurisprudence, va à l'encontre de ce principe fondamental d'après lequel, à défaut d'une réglementation spéciale, c'est au droit commun qu'il faut recourir. Si, comme on le soutient, la loi était muette ou insuffisante, il appartiendrait au juge de statuer d'après les règles de l'équité, combinées avec les principes généraux du droit positif. Or, l'esprit de justice, qui a inspiré le législateur, est de faire supporter à chacun les frais par lui occasionnés, soit par une attaque illégitime, soit par une résistance sans fondement. Quant à l'équité et au bon sens, la violation en est manifeste ; car l'État, se trouvant affranchi

1. Conseil d'État, 8 mars 1866 ; 27 juillet 1870 ; 30 mai 1873 ; 11 juillet 1873 ; 10 juillet 1874 ; 7 août 1875 ; 25 février 1876 ; 8 janvier 1836.

2. Conseil d'État, 13 août 1867 ; 25 février 1876 ; 17 juin 1872 ; 21 octobre 1871 ; 12 mai 1876.

3. De la condamnation aux dépens, *France judiciaire,* V, I, 409 et suiv.

de toute condamnation aux dépens, n'aura pour s'enrichir qu'à multiplier, suivant son bon plaisir, les contestations les moins soutenables : il réalisera toujours le montant des droits perçus par le greffe et par l'enregistrement. Qu'il perde ou qu'il gagne, la partie luttant contre lui n'en aura pas moins été dans l'obligation de faire des frais, qui iront grossir les recettes du fisc. Suivant M. Serrigny[1] le motif, qui aurait entraîné le conseil d'État dans cette voie, serait un motif d'économie. On aurait craint que l'État, partie dans de nombreux litiges administratifs, fût exposé à des condamnations considérables. Un savant réquisitoire de M. Reverchon[2] a fait justice de cet argument de peu d'importance. Depuis la loi du 3 mars 1849, la moyenne annuelle des condamnations prononcées contre l'État ne s'est pas élevée à 2,500 fr. « En fut-il autrement, s'écrie l'honorable commissaire du gouvernement, il ne faudrait y attacher aucune importance, si on demeure convaincu, comme on doit être, que la condamnation de l'État aux dépens est de stricte justice; car le respect de la justice est pour l'État comme pour les particuliers, le premier de tous les intérêts. » Quelque rares, ajoute-t-il encore, qu'aient pu être les cas dans lesquels une partie a été mise dans l'impossibilité d'exercer une action par suite de l'obstacle, qui empêche d'obtenir éventuellement de l'Etat l'allocation des dépens, ces cas se sont néanmoins présentés quelquefois. Or, le droit ne peut être paralysé, méconnu ou violé dans un seul, sans l'être par là même et virtuellement à l'égard de tous ». On ne saurait mieux dire, ni présenter des considérations plus graves, plus décisives. Aussi, sans nous engager plus avant dans une discussion, qui nécessiterait des développements sortant un peu du cadre de notre sujet, nous nous refusons, avec M. Chauveau[3], à croire que ce soit là le dernier mot de la jurisprudence du conseil d'État et nous nous associons au sentiment, exprimé par cet auteur, qui regarde comme un devoir de protester contre une pareille interprétation.

« *Les juges* POURRONT... » Ces mots consacrent-ils un pouvoir absolu, arbitraire, d'après lequel les tribunaux seraient investis du droit de répartir les dépens, d'une manière pleinement facultative? Tel n'est pas l'esprit de la loi. D'abord, faisons deux remarques, qui se présentent tout naturellement à la pensée, à la seule lecture de notre article. En premier lieu, les termes employés : « les juges *pourront* » indiquent très nettement une latitude abandonnée au magistrat : partant la liberté d'en faire ou non usage ; en second lieu, cette faculté ne peut être exercée que dans le cercle tracé par la finale de notre paragraphe. Maintenant, il faut se rappeler que la deuxième partie de l'article 131, loin d'être, comme on le soutient à tort, une exception au principe général de l'article 130, n'est autre chose qu'une conséquence logique et forcée de ce principe. Dans le premier cas, comme dans le second, il s'agit de statuer sur le sort des parties qui succombent. La perte de votre procès est-elle complète? pas de difficulté, tous les frais de la pro-

1. SERRIGNY, t. I, p. 362.
2. Conseil d'État, 27 février 1852, D., 1852, III, 22.
3. Code d'instruction administrative, p. 609.

cédure seront mis à votre charge. Par contre, gagnez-vous sur certains points, perdez-vous sur d'autres points? alors les embarras commencent. Il serait facile de montrer par des exemples, combien laborieuse, parfois insoluble, peut devenir, dans certains procès, la fixation de la mesure suivant laquelle chacun des contestants aura succombé.

Ainsi, supposez que Pierre et Paul aient saisi la juridiction commerciale, au sujet d'un règlement de compte. La demande du premier contient un nombre considérable de chefs auxquels le second oppose des prétentions égales ou supérieures. Or, il arrive que Pierre triomphe sur les huit dixièmes de sa réclamation; mais par contre les deux dixièmes sur lesquels il a échoué ont occasionné la plus grande somme de frais. D'un autre côté, Paul obtient non seulement de faire réduire les conclusions de son adversaire, mais encore on lui attribue gain de cause sur plusieurs articles, composant le compte dont il veut se créditer contre Pierre, et ces derniers articles se trouvent précisément être ceux qui avaient la plus grande importance et dont pourtant l'instruction a été la moins coûteuse. Déjà, on le voit, la détermination de la perte et du gain obtenue ou subie par les deux parties ne laisse pas que de présenter de sérieuses difficultés. Mais ajoutez l'intervention dans la cause de plusieurs personnes, admettez l'appel en cause de divers garants, qui, eux-mêmes, auront actionné des sous-garants et alors il faudra convenir que, parmi toutes ces compétitions, faciles à multiplier à l'infini, il était indispensable de remettre au juge un pouvoir très étendu.

Néanmoins, on ne saurait trop le redire, la rédaction équivoque de l'article 131 n'implique en aucune façon que son deuxième alinéa soit une exception au principe général. Ses rédacteurs ont voulu non pas faire fléchir la règle de l'article 130, mais adapter celle-ci aux exigences de la pratique; non pas substituer l'arbitraire à la loi, mais fournir au juge le moyen de se rapprocher le plus possible de l'équité. De deux choses l'une : ou bien le degré des torts respectifs des parties sera facilement appréciable; ou bien les complications seront telles qu'elles défieront toute estimation exacte. Dans la première alternative, l'article 130 reprendra tout son empire; car on se souvient de la maxime : *tot capita, tot sententiæ*, d'après laquelle chaque plaideur sera tenu de supporter la somme de frais afférente aux chefs de conclusions sur lesquels il a succombé. Dans la seconde hypothèse, une solution rigoureuse étant impraticable, le juge s'éclairera de sa conscience pour répartir les dépens le plus équitablement possible. Mais qu'on se prémunisse avec soin contre toute confusion entre le pouvoir *discrétionnaire* laissé aux tribunaux et le pouvoir *absolu*. Si celui-ci n'a pas de bornes et peut s'étendre jusqu'à la violation du droit et de la justice, l'exercice du premier est circonscrit dans les limites tracées par la loi, fidèle interprète de l'équité sur le point qui nous occupe.

Après ces explications, il ne saurait subsister aucun doute sur la portée de ces mots : les juges *pourront*... Que l'on ne parle pas de sa lettre, lorsque l'esprit de la loi se dégage dans un réseau de lumière si transparente. Est-il admissible, en effet, que le législateur, après avoir expressément ordonné la condamnation aux dépens du plaideur, qui perd son procès, ait voulu ensuite restreindre l'action de sa volonté et abdiquer tout pouvoir entre les mains du juge, sous le futile prétexte que l'un des litigateurs, succombant en réalité, aura triomphé sur quelques points de minime importance. Le rapprochement de l'article 130 et du second paragraphe de l'article 131 fournit la preuve éclatante que ce dernier n'est qu'un corollaire de la règle générale. Ici comme là, c'est la même préoccupation qui se révèle, c'est le même but à atteindre : faire payer les dépens par celui qui les a occasionnés. Il est donc inadmissible que le législateur, après avoir traduit, dans l'article 130, sa volonté précise, formelle, impérative, ait consenti à se donner un démenti dans l'article suivant. D'ailleurs qui dit exception, désigne une catégorie de personnes ou de choses qui sont exclues de la règle par des motifs graves et logiques ; or nous demandons à connaître ces motifs qu'aucun auteur n'a tenté de produire, vraisemblablement parce qu'il n'en existe point. La vérité est celle-ci : une erreur de classement dans l'ordre des matières a été commise et la deuxième disposition de l'article 131 avait sa place normalement indiquée à la suite de l'article 130. Ce qui est vrai encore, c'est que la différence de rédaction entre la forme impérative de l'article 130 et la forme facultative de l'article 131 a causé la méprise des interprètes. On n'a pas pris garde que cette différence des termes était commandée par la nature même des choses. Il va de soi, en effet, que si les parties succombent respectivement sur quelques chefs, aucune d'elles ne peut prétendre à une décharge complète des dépens. Toutes deux ont succombé et doivent, suivant l'article 130, être condamnées aux dépens. Dans quelle mesure? Aucune règle fixe ne pouvant être établie à l'avance, force a bien été d'abandonner aux magistrats la faculté de répartir les dépens. Certes, la fausse interprétation, fournie par les auteurs, s'explique facilement par la mégarde des rédacteurs du code, qui ont réuni dans l'article 131 deux dispositions dont la première semble commander à la seconde, alors qu'en réalité la première est une véritable exception à la règle générale, tandis que la deuxième est une application de cette règle.

Après avoir restitué à l'article 131 sa véritable physionomie, dénaturée par une interprétation trop littérale et ne tenant pas compte de la pensée du législateur, on comprendra nos réserves au sujet de la jurisprudence, généralement suivie, qui reconnaît au juge en matière de compensation un pouvoir abusif et illégal, justement parce qu'on le déclare illimité. Sans doute, si les parties ont élevé des prétentions réciproques agréées et rejetées partiellement, il appartiendra aux tribunaux de décider dans quelle proportion chacune d'elles supportera les dépens. Néanmoins, nous estimons qu'il y aurait mal jugé dans le cas où cette proportion n'aurait pas été établie conformément aux principes qui viennent d'être indiqués. Assurément cette décision ne donnerait pas ouverture à cassation[1], car il s'agit dans l'espèce d'une erreur de fait, qui échappe au pouvoir régulateur de la

1. Cass., 11 novembre 1839; 15 juin 1845; 31 mars 1858; 18 juin 1860.

cour suprême; mais si la sentence est passible de deux degrés de juridiction, elle pourra être déférée au juge d'appel et par lui réformée[1].

« *Les juges pourront* AUSSI... » *Aussi*, voilà un mot parfaitement inutile, dont la suppression aurait dissipé les doutes des interprètes et rendu superflus de nombreux commentaires. Se référant à la disposition précédente, qui débute ainsi : « pourront *néanmoins*, il paraît indiquer positivement que le législateur va poursuivre l'énumération des exceptions à l'article 130. Rien n'est moins vrai cependant. C'est, en effet, par suite d'une méprise évidente, que le paragraphe 2 a trouvé place dans l'article 131. Loin d'être une exception à l'article 130, ce deuxième paragraphe n'est, au contraire, qu'une conséquence forcée[2] de ce même article. C'est là un point que nous croyons avoir déjà suffisamment mis en lumière. Or, il répugne au bons sens de présenter une disposition comme étant simultanément une exception à une règle et une conséquence de cette règle. L'une est exclusive de l'autre. Au reste, la logique, l'esprit de la loi, les principes d'équité, l'analogie des espèces réglementées par l'article 130 et l'article 131 § 2, l'absence de toute cause de dérogation, prouvent, jusqu'à la certitude, que la seconde partie de l'article 131 ne peut, sous aucun aspect, être considérée comme renfermant une exception à la règle générale.

L'erreur qui s'est glissée dans la rédaction de l'article 131 s'explique assez aisément. On sait, en effet, avec quelle énergie l'ordonnance de 1667[3] enjoignait aux juges de condamner aux dépens la partie perdante, sans tolérer la moindre exception. Sur ce point, comme dans la plupart des matières qui composent le code de procédure civile, le législateur de 1806 s'est approprié l'œuvre de ses devanciers. Il a donc reproduit dans l'article 130 les prescriptions de l'ordonnance. Mais voulant innover et laisser au juge, lorsqu'un litige se produirait entre parents ou alliés, le soin d'apprécier s'il y aurait ou non profit à faire application du principe général, il a cru devoir en termes très précis caractériser cette intention. C'est ainsi que l'article 131, § 1, est conçu, par opposition à l'article qui précède, en ces termes : « pourront *néanmoins* les dépens... » Rédaction tout à fait transparente, qui décèle une concession faite à la paix des familles et pour ainsi dire à regret, sans qu'elle puisse en rien affaiblir, en dehors du cas spécial, l'ordre exprimé dans l'article 130. Cette exception, facultative dans l'application, étant introduite, une modification s'imposait encore; car il était inopportun de laisser survivre, aux causes qui l'avaient motivée, la rigueur excessive de l'ordonnance, qui, sous aucun prétexte, n'autorisait la compensation des dépens. De là est née la deuxième partie de l'article 131, qui permet au juge de faire la balance des pertes éprouvées et des gains obtenus par les parties à la fois succombantes, pour ensuite déterminer la fraction de dépens que chacune d'elles devra supporter. Toutefois, n'ayant plus de modèle à suivre, les rédacteurs de l'article 131 ont soudé l'une à

1. BONCENNE, t. II, p. 551; — RODIER, t. XXXI, art. 1er, p. 471 et 472.
2. DALLOZ, *Rep. frais et dépens*, n° 87.
3. Art. 1er, t. XXXI.

l'autre les deux résolutions nouvelles par eux adoptées, sans se préoccuper autrement des différences fondamentales qui les séparent. Un seul côté de la question les a touchés, c'est la latitude d'appréciation laissée aux tribunaux dans une hypothèse comme dans l'autre; oubliant ainsi que leur première innovation consacrait une véritable exception au principe de l'article 130, tandis que la seconde était une conséquence logique et inévitable, une application de ce même article.

« *Les juges pourront aussi* COMPENSER *les dépens...* » Compenser les dépens est une expression qui n'est pas neuve; elle avait déjà cours dans notre ancien droit. Nous avons même dit plus haut que la compensation avait été le prétexte de tels abus que le législateur de 1667, malgré les protestations de M. de Lamoignon, avait dû la proscrire formellement. A la vérité, au dire des auteurs, les juges ne s'arrêtèrent pas à cette prohibition et l'article 1er du titre 21 de l'ordonnance ne fut pas suivi. Toutefois, les justes motifs qu'avait présentés M. de Lamoignon, à l'encontre de la défense faite aux tribunaux de compenser les dépens, ont prévalu lors de la rédaction du code. L'article 131, § 2, a précisément pour objet de faire revivre la latitude de répartir les dépens entre parties qui succombent respectivement sur quelques chefs. Il a été rédigé pour faire tomber la prohibition de l'ordonnance. Préciser la portée et la valeur attachée, dans l'ancien droit, à ces mots, compenser les dépens, indiquera donc le sens dans lequel ils doivent être pris, dans notre législation. Ferrière[1] nous fournit sur ce point de précieux renseignements. Ce jurisconsulte envisage deux hypothèses. Relativement à la première, il s'exprime ainsi : « Il y a néanmoins certains cas sur lesquels il semble que les parties ont été de part et d'autre bien fondées dans leurs contestations et alors les juges peuvent *compenser les dépens.* » Passant ensuite à la deuxième hypothèse, il dit : « Quelquefois aussi une partie a contesté avec raison dans un point et a été mal fondée dans un autre; c'est pourquoi le juge peut alors *condamner* une partie en une certaine portion des dépens et *condamner* l'autre pour le surplus des dépens. » Que l'on retienne les mots, qui viennent d'être soulignés, et on verra que toute la théorie de la compensation est exposée dans cet extrait, qui reflète exactement la pensée traduite dans l'article 131, § 2.

S'agit-il, en effet, d'un différend dans lequel les prétentions réciproques des litigateurs étaient en apparence justes et plausibles, chacun d'eux a succombé et triomphé approximativement dans la même mesure? — Dans ce cas, le tribunal ordonnera, en bloc, à forfait, la compensation des dépens, ou, ce qui revient au même, renverra les parties sans dépens : expression plus claire et moins équivoque que la précédente et qui se rapproche de celle usitée dans l'ancienne jurisprudence, où l'on prononçait par *hors de cour sans dépens.* Cette compensation, désignée par les commentateurs sous le nom de *compensation simple,* signifie que chacun des contendants aura à payer, sans répétition contre son adversaire, tous les frais par lui

1. FERRIÈRE, *Dictionnaire,* v° *dépens,* p. 464.

avancés. Peu importe que les frais de l'un ne soit pas plus les siens que ceux de son adversaire, par exemple : frais d'expertise, de descente sur les lieux, d'enquête; voire même ceux de levée et de signification du jugement[1].

S'agit-il d'un procès dans lequel l'une des parties a triomphé sur le plus grand nombre de ses chefs de demande? On ne saurait, dans ce cas, renvoyer les parties sans dépens. Les juges prononceront alors, comme disent les interprètes, la *compensation proportionnelle*. Ce mode de répartition consistera à mettre à la charge de l'une des parties une fraction des frais de son adversaire[2]. Ainsi, supposez qu'un jugement porte dans son dispositif que la moitié, les trois quarts, les deux tiers des dépens, mis dehors par Paul, seront compensés avec la totalité des frais faits par Pierre. Paul aura, dans ce cas, répétition contre Pierre pour la moitié, le quart, le tiers de ses propres déboursés; ce qui revient à dire que Paul supportera la moitié, les trois quarts, les deux tiers de ses frais personnels, tandis que Pierre payera la totalité des dépens qu'il a faits et, par surcroît, la moitié, le quart, le tiers de ceux de Paul.

En résumé, Ferrière avait parfaitement défini le caractère juridique de ces deux opérations : dans la première il y a *compensation*, en conservant à ce mot son sens spécial et primitif, c'est-à-dire que les parties seront renvoyées sans dépens; dans la seconde, il y a *condamnation*[3], c'est-à-dire que les contestants seront tenus de payer une fraction de dépens correspondant à leurs torts respectifs.

M. Mourlon enseigne que la compensation des dépens résultant de l'article 131, § 2, « constitue une compensation proprement dite[4]. » M. Boitard, moins affirmatif, trouve que la compensation des dépens se rapproche, par certains côtés, et diffère[5], par certains autres, de la compensation du code civil. Dans notre opinion, l'article 131 est absolument étranger aux règles de la compensation civile. Ce qui, sans être une preuve décisive, donne tout d'abord à notre sentiment une force considérable, c'est le silence absolu gardé, relativement à notre article, non seulement par les auteurs, qui ont traité de la compensation civile, mais encore par ceux qui se sont spécialement occupés de cette matière[6]. Il répugne, en effet, d'admettre qu'une place n'ait pas été accordée dans les nombreux traités de droit civil, si, dans l'esprit de leur auteur, le mot compensation de l'article 131 avait été pris dans le sens légal, technique des articles 1289 et suivants du code civil.

1. Jousse, com. t. II, p. 227; — Lepage, *Quest.*, p. 140; — Rebuffe, n° 53; — Merlin, *loc. cit.*; — Chauveau, *Quest.*, 560-561; — Bordeaux, 19 juillet 1831; — Douai, 25 mars 1848; — Toulouse, 8 mai 1849. — *Contrà* : Aix, 18 mai 1844.
2. Pigeau, t. I, p. 546; — Favard, t. III, p. 160; — Boncenne, t. II, p. 558; — Rodière, t. I, p. 396.
3. Carré, art. 131. *Quest.*, 557.
4. Mourlon, *Code de proc. civ.*, p. 127.
5. Boitard, t. I, p. 366.
6. Desjardins, *De la compensation et des demandes reconv.*; — F. Duranton, *De la nature et des effets de la compensation.*

Nous disons que les règles du code Napoléon sont inapplicables à notre sujet, car la compensation, définie par les articles 1289 et suivants, est un mode d'extinction des obligations, qui s'opère de plein droit, à l'instant même où deux dettes se trouvent exister à la fois sur la tête de deux personnes, qui sont ainsi réciproquement débitrices et créancières l'une de l'autre. Est-il vrai de dire que deux plaideurs sont respectivement débiteurs et créanciers, au moment où la compensation des dépens est prononcée? Nous ne le croyons pas. Pour qu'il en fût ainsi, il serait indispensable qu'une *condamnation* précédât la *compensation* ordonnée par le juge. En l'absence de cette condamnation, quel est le titre de créance de Primus contre Secundus et de Secundus contre Primus? Dira-t-on que les jugements sont simplement déclaratifs du droit, que la dette des dépens est préexistante à la décision du juge, et qu'elle est uniquement subordonnée à la reconnaissance en justice du bien fondé total ou partiel des conclusions prises par les parties. Mais c'est précisément ce défaut de reconnaissance que nous relevons ici; car le tribunal, vient-il à prononcer la compensation des dépens, ne dit pas que telle partie supportera les dépens relatifs à tels chefs de conclusions sur lesquels elle succombe et répétera les frais afférents à tels chefs de conclusions pour lesquels elle obtient gain de cause. Il se borne à constater que les parties succombent respectivement sur quelques-uns de leurs chefs et, pour ce motif, compense les dépens en totalité ou en partie. Dès lors, la créance des dépens n'a pas d'assiette, puisqu'il est impossible de déterminer à quel chef de conclusions elle se réfère. Admettons, pour un instant, que cette créance vague, incertaine, indéterminée, quant à sa quotité et à la cause qui l'a produite, ait été reconnue en justice. Nous allons démontrer que, même dans cette hypothèse, elle ne remplit pas les conditions exigées par les articles 1289 et suivants, pour entrer en compensation. On se souvient[1] du mécanisme de cette opération qui suppose deux personnes, à la fois créancières et débitrices l'une de l'autre. On compare alors, on *balance* le total de la créance de Primus, par exemple, avec le montant de la dette de Secundus. Si la créance de Primus fait équilibre à la dette de Secundus, les deux obligations, étant égales, se détruisent; si, au contraire, la créance de Primus est supérieure à la dette de Secundus, l'équilibre de la balance se trouve rompu; par suite Primus est créancier de tout l'excédent de sa créance sur sa dette. On conçoit facilement qu'une semblable opération ne peut avoir lieu que pour des dettes, dont l'existence est certaine et la quotité déterminée : *cum certum est an et quantum debeatur*. C'est ce qui résulte de l'article 1291 du code civil aux termes duquel « la compensation n'a lieu qu'entre deux dettes également *liquides* et *exigibles*. *Liquides*.... les dépens ne peuvent pas l'être, surtout en matière ordinaire, puisqu'une des fonctions les plus délicates et les plus laborieuses du magistrat consiste justement à régler, *après le jugement*, les frais occasionnés par le procès ; et cette opération a un nom

1. V. *suprà*, p. 3.

assez significatif par lui-même : elle se nomme *liquidation des dépens*. Bien plus, la compensation des dépens a été introduite à raison de la difficulté, et même de l'impossibilité quelquefois, où l'on se trouverait de répartir les frais, suivant la mesure de l'échec subi par chaque partie. *Exigibles*... personne n'oserait le soutenir.

Parlera-t-on de *compensation judiciaire?* Pour être judiciaire, la compensation, tout aussi bien en droit romain[1] que dans notre législation, n'en reste pas moins subordonnée aux règles de la compensation légale. Dans un cas comme dans l'autre, la compensation ne peut s'opérer qu'entre dettes également *liquides* et *exigibles*.

Nous aurions pu prolonger cette discussion et établir par de nouveaux arguments que la compensation des dépens ne satisfait pas davantage à d'autres conditions, également indispensables pour constituer une compensation proprement dite. Ainsi, dans le code civil, la compensation s'opère *ipso jure*, tandis qu'en procédure elle est *créée* par le juge. Celui-ci ne se borne pas à constater le droit, mais décide, *facultativement*, si chacune des parties litigantes supportera ses dépens personnels, ou bien si l'une d'elles aura un recours contre son adversaire, pour obtenir remboursement d'une fraction de ses avances. L'article 1289 du code civil n'autorise la compensation de deux créances que jusqu'à concurrence de la plus faible des deux. Dans l'article 131, ce principe est entièrement méconnu soit qu'il s'agisse d'une compensation totale, soit même d'une compensation partielle ; car si les parties sont renvoyées sans dépens, il est à présumer que les créances respectives n'étaient pas égales, pourtant tout droit de répétition d'une partie contre l'autre sera éteint par la décision du juge. Si, par contre, la compensation est proportionnelle, le tribunal ordonnera que le litigateur, ayant obtenu gain de cause sur la plupart de ses prétentions, aura répétition contre son colitigateur pour un quart, la moitié, les deux tiers de ses frais ; mais évidemment cette répartition ne se fera, ni ne pourra se faire conformément aux règles du droit civil. Par conséquent, cette expression : « les juges pourront aussi *compenser* les dépens » prête à l'amphibologie et à l'équivoque. Le mot compenser a été pris dans son acception ordinaire, usuelle et non avec la portée scientifique, technique, qui lui a été faussement attribuée. Mais il y a plus, nous estimons qu'il a été mal choisi. Nous avons vu, en effet, que la deuxième disposition de l'article 131 n'est qu'une conséquence logique et nécessaire de l'article 130. C'est donc à une erreur certaine que l'on doit de lire les mots « *compenser les dépens* » au lieu et place de « *condamner aux dépens.* »

« *Les juges pourront aussi compenser les* DÉPENS EN TOUT OU EN PARTIE. » Il n'y a pas à s'expliquer sur le sens à donner au nom de dépens que nous avons déjà rencontré[2]. Dépens s'entend de tous les frais légaux, admis en taxe, faits à l'occasion d'un procès. *En tout ou en partie*... Nos observations

1. L. 14, § 1, c. de *compensationibus*.
2. V. *De la condamnation aux dépens*, p. 64.

sur ce point ont été singulièrement abrégées par les développements qui précèdent. Comme cela a été déjà dit, les commentateurs, à l'imitation des anciens auteurs[1], distinguent deux espèces de répartition des dépens : la compensation *totale ou simple* et la compensation *partielle ou proportionnelle*. La première existe lorsque chaque partie est tenue de garder ses frais personnels, sans répétition contre son adversaire. Pigeau[2] observe avec raison que les torts étant égaux, la somme totale des frais occasionnés par la contestation devraient être également supportés. Dans ce cas, les parties auraient à se fournir respectivement déclaration de leurs frais; mais ce n'est pas l'usage, ajoute le même auteur. L'effet de la compensation proportionnelle est de conférer à une partie le droit de répéter, contre la partie adverse, la fraction de ses frais, que cette dernière a été condamnée à payer.

La partie condamnée à tous les dépens supportera non seulement les frais nécessaires pour suivre l'instance jusqu'au prononcé du jugement, mais encore ceux qui en sont la suite, le complément, tels que la levée et la signification du jugement[3]. Si la compensation est totale, aucune répétition des frais postérieurs ne sera exercée par une partie contre la partie adverse, sauf décision contraire du juge. Le coût de la levée et de la signification du jugement ou arrêt sera supporté par celui qui le lève et le signifie[4]. Tous les auteurs décident qu'au cas de compensation proportionnelle, chaque partie peut réclamer ses avances *au prorata* de la condamnation prononcée à son profit[5].

Nous arrivons à la finale de l'article 131, § 2, qui précise les conditions dans lesquelles cette disposition sera applicable. « *Les juges pourront*... SI LES PARTIES SUCCOMBENT RESPECTIVEMENT SUR QUELQUES CHEFS. Notre commentaire sur l'article 130 du code de procédure civile nous dispensera de plus amples explications au sujet de ces termes déjà connus : *si les parties succombent*. Nous avons vu[6] quelles personnes devaient être considérées comme parties dans une instance. Il est donc inutile de revenir sur ce point. Nous n'insisterons pas davantage sur les circonstances qui constituent une personne *succombante*. Une partie *succombe*, avons-nous dit[7], lorsqu'elle est déclarée irrecevable ou mal fondée dans ses prétentions. Toutefois, comme le remarque M. Chauveau[8], il ne faut pas prendre à la lettre cette expression succomber. Supposez, par exemple, que l'un des litigateurs soit convaincu de négligence ou de mauvaise foi, supposez encore qu'il ait introduit une action ou résisté à la demande formée contre lui par esprit de chicane, dans le but de molester son adversaire ou de lui occasionner des dépenses,

1. JOUSSE, *Com.* t. II, p. 227; — Id., rep., v° *dépens;* — LEPAGE, *Quest.*, p. 140.
2. PIGEAU, t. I, p. 520.
3. DALLOZ, *frais et dépens*, n° 107; — Bourges, 12 novembre 1831.
4. CHAUVEAU, *Quest.*, p. 560; — Douai, 25 mars 1848.
5. LEPAGE, *Quest.*, p. 140; — CARRÉ, *Quest.*, 560; — DALOZ, *frais et dépens*, n° 78.
6. *France judiciaire*, V, 1, 428; — De la condamnation aux dépens, p. 17 et suiv.
7. *France judiciaire, loc. cit.*, p. 458 et suiv.; — De la condamnation aux dépens, p. 52.
8. CHAUVEAU SUR CARRÉ, *Quest.*, 558 A; — DUTRUC, *nouveau supp. aux lois de la procédure*, art. 131, n° 120.

il est incontestable que, dans toutes ces hypothèses, les tribunaux s'inspireront très justement de l'esprit de la loi en prononçant une condamnation à la totalité des dépens, ou bien, suivant les cas, en ordonnant une répartition équitable des dépens. Les recueils de jurisprudence contiennent un grand nombre de décisions rendues en conformité de ces principes. Ainsi il a été jugé : que le demandeur, qui déclare restreindre son action, *succombe* dans la partie de cette action qu'il abandonne[1]; que les dépens peuvent être compensés si les parties ont des torts respectifs à s'imputer[2]; si les deux parties ont concouru à la violation de la loi[3]; si le demandeur n'a opposé l'incompétence, à raison de la matière, que devant les juges d'appel[4]; si, d'une part, la demande comparée au montant de la condamnation offre une exagération considérable et, si, d'autre part, le défendeur n'a pas offert une somme égale ou à peu près équivalente à celle de la dette reconnue[5].

« *Si les parties succombent* RESPECTIVEMENT SUR QUELQUES CHEFS.... » En dehors des espèces particulières, qui viennent d'être rapportées, on doit décider avec la cour de Rennes[6] que la compensation ne peut jamais être prononcée, si chaque partie ne succombe pas sur quelques chefs du litige. Celui dont les conclusions ont été pleinement ratifiées et qui a obtenu complet gain de cause ne saurait, sans injustice et sans violation de la loi[7], avoir à supporter une fraction quelconque des dépens

Si la demande n'a qu'un chef, dira-t-on que la compensation est impossible, puisque les parties ne se trouveront pas avoir *succombé respectivement?* Tel n'est pas notre avis; car il est facile de supposer un différend qui, tout en étant circonscrit sur un seul chef, n'en contiendra pas moins des torts respectifs, imputables à chacune des parties. Dès lors la compensation devient facultative pour le magistrat. Cependant, on soutient qu'en l'absence d'offres réelles le défendeur doit avoir la charge de tous les dépens. En faveur de cette théorie, on argumente de ce que la *plus-pétition* n'étant pas admise en France, les frais nécessaires pour faire vider le litige n'ont pas été augmentés par l'exagération de la demande[8]. Dans ces conditions, la partie défenderesse se trouve avoir succombé; car il lui était possible d'empêcher la contestation en offrant la somme, dont elle a été reconnue débitrice. Elle ne saurait donc se plaindre de la plus-pétition et doit s'imputer d'avoir rendu nécessaires les poursuites du demandeur. Cette

1. Cass. Belgique, 28 février 1852; — *Jurisprudence belge,* 1852, I, p. 110.
2. Paris, 7 janvier 1809; — Bordeaux, 8 janvier 1839.
3. Cass., 5 mars 1823.
4. Metz, 19 avril 1823.
5. Cass., 19 avril 1848; — Caen, 21 juin, 1854; — Bordeaux, 4 avril 1845 et 30 décembre 1857.
6. 4 juillet 1813.
7. PIGEAU, *comm*, t. I, p. 309; — DALLOZ, t. XVIII, p. 315, n° 3;— Bordeaux, 15 janvier 1835.
8. BIOCHE, v° *dépens*, n° 188; — DENISART, v° *plus-pétition*, n° 2; — Bordeaux, 8 janvier 1830.

doctrine est trop absolue et nous paraît inacceptable. Supposons, en effet, que Jacques vous ait actionné en payement de la somme de 20,000 francs. Vous prétendez avoir obtenu votre libération et le tribunal décide que vous êtes resté débiteur de Jacques à concurrence de 10,000 francs. N'est-il pas rigoureusement exact de soutenir que l'un et l'autre vous avez respectivement succombé ? Jacques a rendu le procès inévitable en exagérant sa demande à laquelle vous ne pouviez raisonnablement acquiescer. De votre côté, en ne faisant pas offre du montant de la dette reconnue et en contestant la totalité des conclusions de Jacques, vous vous trouvez compris dans la seconde disposition de l'article 131. Tous les deux, vous êtes succombants dans la partie de vos prétentions qui ne vous a pas été adjugée [1].

Nous avons précédemment expliqué [2] qu'un jugement interlocutoire, ou toute autre décision, intervenue sur un incident ou sur une exception, devait toujours mettre les dépens à la charge du tort, suivant une locution du palais. Il est à peine besoin d'indiquer que si les juges ont réservé les dépens, ils auront à tenir compte dans le jugement définitif des frais antérieurement exposés et répartir les dépens de façon à faire supporter à la partie ayant succombé sur l'incident les dépenses qu'elle a occasionnées [3].

Une question reste encore à résoudre. Le ministère public est-il placé en dehors du droit commun ; lorsqu'il agit comme partie principale dans une instance civile ? En d'autres termes, s'il n'obtient gain de cause que partiellement, les tribunaux ont-ils le droit de faire usage de la latitude consacrée par l'article 131, § 2, du code de procédure. Précisons le débat par un exemple : le procureur de la République a introduit une requête, basée sur les dispositions de l'article 491 du code civil, par laquelle, se fondant sur des faits d'imbécillité, de démence ou de fureur, il conclut à faire prononcer l'interdiction d'une personne déterminée. Le tribunal, saisi de la demande, repousse ces conclusions en déclarant que la procédure en interdiction a été mal à propos engagée, que s'il est vrai que le défendeur se trouve dans un état d'affaiblissement de ses facultés intellectuelles, sa raison n'est pas suffisamment altérée pour entraîner son interdiction. Puis, s'autorisant de la latitude, résultant de l'article 499 du code civil, le tribunal nomme d'office [4] un conseil judiciaire au défendeur. Dans ce cas, les juges pourront-ils compenser les dépens ? Suivant nous, l'affirmative est incontestable. Nous croyons, en effet, avoir précédemment fourni la preuve complète [5] que le ministère public, agissant devant les tribunaux civils, comme partie principale, doit être considéré comme un plaideur ordinaire ; à moins d'ac-

1. Chauveau, *Quest.*, 558 ; — Caen, 21 juin 1854 ; — Cass., 19 avril 1848. — *Contrà*, *J. av.* : 74, p. 269.

2. *France judiciaire*, V, 1, p. 469 ; — De la condamnation aux dépens, p. 54 et suiv.

3. Carré et Chauveau, *Quest.*, 559 ; — Rodier, p. 471 ; — Favard, t. III, p. 161.

4. Marcadé, art. 499, n° 317 ; — Merlin, v° *testament* ; — Zachariæ, I, p. 274 ; — Valette sur Proudhon, t. II, p. 267 ; — Demolombe, t. VIII, n° 532 ; — Aubry et Rau, t. I, § 138.

5. *France judiciaire*, V, I, 425 ; — De la condamnation aux dépens, p. 19.

cepter cette théorie d'un autre âge consistant à faire bénéficier le trésor de la condamnation aux dépens, si la partie publique triomphe et à le soustraire aux conséquences de cette condamnation, si l'action est déclarée injuste ou mal fondée. Nous ne reviendrons pas sur ce point qui a été traité avec beaucoup de détails auxquels il suffira de se référer[1]. Cela dit, l'hypothèse, qui vient d'être choisie, s'adapte pleinemeut à la deuxième disposition de l'article 131 ; car le résultat a démontré que les deux parties en cause avaient respectivement succombé dans une partie de leurs conclusions. D'un côté, le procureur de la République a justifié, dans une certaine mesure, l'initiative qu'il a prise; puisque, en définitive, le tribunal a reconnu le défendeur incapable d'accomplir, seul, certains actes de la vie civile; mais, en sens contraire, la mesure grave, sollicitée contre le défendeur a été repoussée, n'étant motivée ni par l'imbécillité, ni par la démence, ni par la fureur de celui-ci : seules circonstances qui, dans un intérêt d'ordre général, autorisent l'intervention de la partie publique. Que la mesure à laquelle a donné lieu la poursuite en interdiction soit utile à la bonne gestion des affaires du défendeur : nous le concédons. Néanmoins, il est certain que la voie suivie pour aboutir à la nomination d'un conseil judiciaire a été préjudiciable, sous tous les rapports, à la personne déclarée incapable, car une demande principale et directe formée dans ce but lui eut épargné d'avoir à suivre la procédure longue, coûteuse et surtout pénible de l'interdiction. Mais, dira-t-on, si les parents du défendeur en interdiction avaient mis en mouvement l'action intentée par le procureur de la République, ils auraient été à l'abri d'une condamnation aux dépens, alors même que le tribunal se serait borné à prononcer la nomination d'un conseil; par conséquent on ne comprendrait pas que le ministère public soit traité plus sévèrement que les premiers. A cela nous répondrons que le procureur de la République ne peut poursuivre[2] l'interdiction d'une personne dont la démence ne s'est pas élevée à l'état de fureur qu'autant que cette personne n'a ni un conjoint, ni un parent connu; que dans l'espèce actuelle, il était sans qualité pour se substituer aux parents du défendeur; que sa démarche a peut-être, contre la volonté de ceux-ci, produit la divulgation d'un malheur tenu secret, l'existence d'une infirmité qui, par sa nature, réfléchit contre tous les membres d'une même famille et qu'ayant ainsi mal à propos procédé, il appartient aux juges de décider si une fraction, proportionnelle à ses torts, ne doit pas être mise à sa charge.

1. De la condamnation aux dépens, *loc. cit.*

2. Merlin, rép., v° *Interdiction*; — Marcadé, art. 491; — Zachariæ, I, p. 253; — Demolombe, t. VIII, p. 380, n° 530 et s.; — Aubry et Rau, t. I, p. 595.

Pour nous résumer sur cette première partie, nous estimons avoir fait — tel est du moins notre espoir — complète justice des systèmes dissidents, d'après lesquels l'article 131, § 2, serait une exception au principe général. L'argument antithétique et littéral, tiré de l'opposition entre le texte de l'article 130 et les premiers mots de l'article 131... *pourront néanmoins*..., n'a pas d'importance dans la question présente; car ces mots n'ont été pour les rédacteurs du code qu'une sorte de transition, une indication que la loi tempérait la prescription impérative de l'article 130 par la latitude laissée au juge de répartir les dépens. Nous avons vu, en effet, que notre paragraphe, loin de déroger à l'article 130, n'est, au contraire, qu'une application naturelle, une déduction logique et nécessaire de la règle générale. Et il serait vraiment excessif de fermer les yeux sur les résultats produits par la compensation des dépens, pour ne s'attacher qu'à l'usage du mot compenser et pour attribuer à ce mot une signification démentie par la nature même des choses. Dire qu'il n'y a pas *condamnation*, parce que le législateur autorise la *compensation*, c'est simplement jouer sur les mots; car la formule employée sera tout à fait secondaire, si la décision du juge aboutit, en définitive, à faire supporter une quotité de dépens aux plaideurs entre lesquels la compensation a été ordonnée. Or, nous savons que, par compensation des dépens, il faut entendre non pas que chaque partie sera tenue soit de la moitié, soit du tiers, soit du quart, tant de ses frais personnels que de ceux de son adversaire, mais que chaque partie payera les siens, en totalité ou en partie. N'est-ce pas là une véritable condamnation, où plutôt, comme nous l'avons déjà dit, un genre particulier de répartition des dépens?

Il reste mantenant à aborder les *exceptions* à la règle générale. Nous allons passer à cette dernière partie de notre tâche.

EXCEPTIONS A LA RÈGLE GÉNÉRALE

DES

ARTICLES 130 & 131, § 2, DU CODE DE PROCÉDURE CIVILE

Article 131, § 1er.

Après avoir consacré dans les articles 130 et 131, § 2, du code de procédure, le principe d'après lequel : toute partie qui succombe sera condamnée aux dépens, le législateur, répudiant la rigueur excessive de notre ancien droit, a conféré au juge, dans certains cas limitativement spécifiés, le pouvoir d'opérer, entre parties litigantes, une répartition des dépens n'ayant plus pour unique base la perte ou le gain du procès.

C'est par l'étude de ces *exceptions* que sera complété notre commentaire sur l'article 131 du code de procédure. Nos précédentes observations réduiraient, il est vrai, à bien peu de mots les développements que comporte encore l'analyse de ce texte, si le désir de présenter un travail complet sur la matière ne nous obligeait pas à élargir le cadre de notre article pour embrasser les nombreuses dérogations à la règle générale.

Au nombre de ces dernières, figure, en première ligne, celle résultant du premier paragraphe de l'article 131, ainsi conçu : « Pourront néanmoins les dépens être compensés, en tout ou en partie, entre conjoints, ascendants, descendants, frères et sœurs, ou alliés au même degré. » La volonté de la loi est claire et précise. *Pourront* NÉANMOINS... Ces mots indiquent très nettement qu'il s'agit ici d'une exception à l'article qui précède. L'énumération qui suit prouve également que ce texte est *limitatif* et non *énonciatif*. Comme pour toute restriction à une règle générale et impérative, la latitude laissée au juge devra donc être resserrée dans les limites posées par notre article et ne saurait être étendue à des parents autres que ceux qui s'y trouvent spécialement désignés. Ainsi, ce serait méconnaître à la fois la lettre et l'esprit de notre texte que de compenser les dépens entre oncle et neveu, entre cousins germains. La cour de Toulouse[1], se fondant sur la nature de la cause et la qualité des parties, a décidé le

1. Arrêt du 31 mars 1838.

contraire. Mais, c'est là un arrêt isolé, dépourvu de toute autorité, et contraire à l'accord de la doctrine [1] et de la jurisprudence [2] sur ce point.

L'alliance ou l'affinité, constituant entre un époux et les parents de son conjoint un lien civil, qui survit [3] au décès de l'époux, générateur de l'alliance, la compensation continuera à être permise [4], bien que la personne, ayant produit l'affinité, soit décédée sans enfants.

Si une instance, d'abord engagée entre deux personnes parentes au degré prévu par l'article 131, vient plus tard, à cause du décès de l'une d'elles, à être reprise par des représentants ne possédant plus la proximité de sang ou d'alliance prescrite par la loi, le juge, dans ce cas, aura-t-il la faculté de prononcer la compensation des dépens? A notre avis, la négative s'impose sans contradiction possible. Pourtant la cour de cassation [5] s'est prononcé en sens contraire. Il est vrai de dire que, dans l'espèce soumise à son appréciation souveraine, les parties avaient respectivement succombé sur quelques chefs de leurs conclusions. Dès lors, cette espèce, rentrant dans les prévisions du deuxième alinéa de l'article 131, permettait la compensation des dépens. A ce point de vue, la décision de la cour régulatrice nous paraît inattaquable. Il en est autrement lorsque l'arrêt consacre la possibilité d'une compensation entre des litigateurs étrangers l'un à l'autre, ou dont la parenté lointaine n'a pas éveillé la sollicitude du législateur. Il est sans importance, en effet, qu'à l'origine du procès les parties fussent parentes au degré déterminé par l'article 131, si le jugement intervient entre personnes n'ayant plus cette qualité. Notre texte ne supporte pas de distinctions et les tribunaux ne connaissent que les individus plaidant actuellement devant eux, que ceux entre lesquels le jugement est rendu. Il ne faut pas oublier que si le juge est investi de la latitude de terminer, par une sentence conciliatrice, les contestations qui s'agitent entre membres d'une même famille, la loi n'a permis cette dérogation que pour une catégorie spéciale de parents, nommément désignés. *Qui dicit de uno negat de altero* et comme nous sommes en présence d'une disposition exceptionnelle, on ne peut, sans arbitraire, aller au delà de ses termes. D'ailleurs, il est de toute évidence que cette exception n'a plus sa raison d'être dès l'instant où elle s'adresserait à des personnes autres que celles en vue desquelles, cette exception a été admise. L'esprit et la lettre de la loi ne laissent aucune place à l'interprétation; la volonté légale se manifeste dans notre texte avec clarté et précision; décider autrement ce serait faire la loi, au lieu de l'appliquer. Comme l'a dit Domat [6], si la loi ne souffre pas de tempérament,

1. FAVARD, t. III, p. 161; — RODIÈRE, t. I, p. 280; — CARRÉ et CHAUVEAU, *Quest.*, 558 *bis*.
2. Aix, 1er mars 1817; — Grenoble, 25 juil. 1827; — Riom, 27 nov. 1843; — Bordeaux, 17 juin 1845.
3. Art. 161, 162, 164 du code civil.
4. RODIÈRE, t. I, p. 282.
5. Req., 14 nov. 1860; — FAVARD, *Rép.*, v° *Jugement*, p. 131; — CHAUVEAU s. CARRÉ, *Quest.*, 558 *bis*; — BIOCHE, *Dict.*, v° *Dépens*, n° 179.
6. *Lois civiles*, liv. I, titre I, sect. 2, § 7. — L. 56, 155, § 2, 192, § 1, *De reg. juris*.

il faut juger par la rigueur du droit; si elle s'est écartée de la règle ordinaire, ce ne peut être que par des considérations majeures, qui ne permettent pas d'étendre la disposition spéciale à des cas analogues.

On connaît le crédit que la loi, dans le but de prévenir les différends, dont le partage des successions est fréquemment la source, accorde au partage fait par l'ascendant au profit de ses descendants. Plein de confiance dans la sagesse et l'impartialité de l'auteur commun, le code présume que celui-ci règlera de la manière la plus équitable les droits successifs de chacun de ses enfants. Aussi n'autorise-t-il la demande en rescision qu'avec une grande réserve. Témoin l'article 1080 du code civil qui dispose : « L'enfant qui, pour une des causes exprimées en l'article précédent, attaquera le partage fait par l'ascendant, devra faire l'avance des frais de l'estimation, et il les supportera en définitive, *ainsi que les dépens de la contestation, si la réclamation n'est pas fondée* ». En présence de ce texte, on se demande si l'article 131 du code de procédure civile, postérieur à l'article 1080 du code civil, a dérogé à cette dernière disposition et par suite a conféré au juge, même dans ce cas spécial, le pouvoir de compenser les dépens. Une distinction est nécessaire. La demande en rescision vient-elle à être rejetée? nul doute que l'enfant devra supporter la masse de frais qu'il a occasionnés par une injuste attaque. Celui, en effet, qui, sans respect pour la volonté de son auteur, s'engage dans un procès, à la légère et malgré l'avertissement résultant de l'obligation de faire l'avance de l'estimation des biens, celui-là est indigne de faveur. Du reste, en thèse générale, le code de procédure n'est point introductif d'un droit nouveau, *per legem generalem, speciali non derogatur*, et la décision qui, en pareille occurrence, compenserait les dépens devrait être cassée pour violation du texte même de l'article 1080 du code civil. En sens inverse, le demandeur en rescision vient-il à triompher, il n'existe alors aucun motif pour ne pas faire application de la règle posée par l'article 131 du code de procédure[1].

L'attribution des dépens varie à l'infini; ainsi les tribunaux peuvent excepter de la compensation les frais de tel ou tel acte de procédure, de telle ou telle production frustratoire ou inutile et décider que ces frais seront spécialement supportés par celui qui les a occasionnés mal à propos. Tel est le cas où une personne a été mise en cause et dont l'intervention n'a été d'aucune utilité pour l'éclaircissement de l'affaire[2].

Succomber sur tous les chefs de sa demande ou seulement sur quelques-uns; telle est, en principe, — sauf l'exception introduite en faveur de certains parents ou alliés — la condition indispensable, sans laquelle il ne pourra être prononcé contre une partie ni *condamnation*, ni *compensation des dépens*. Nous avons dit[3] que souvent les tribunaux se trouvent, avant de statuer au fond, dans la nécessité soit de prescrire des mesures conserva-

1. Duranton, t. IX, n° 660; — Genty, p. 330; — Aubry et Rau, t. VI, p. 234; — Colmet de Santerre, t. IV, n° 248; — Mourlon, *Rép. écr.*, t. II, p. 427.

2. Pigeau, *Procédure civile*, t. I, p. 520-521.

3. *France judiciaire*, V, 1, 460.

toires, soit d'ordonner des mesures d'instruction propres à accélérer le dénoûment du litige. Dans ces différentes espèces de *jugements préparatoires*, qui n'impliquent ni gain ni perte du procès, personne ne succombe et alors le juge réserve les dépens, jusqu'à la solution définitive du différend.

Nous n'avons pas encore parcouru les nombreuses variétés de décisions qu'ont à rendre les tribunaux. Nous avons omis à dessein de fournir jusqu'ici des explications au sujet des instances qui, sans revêtir un caractère véritablement contentieux, exigent néanmoins l'intervention de la justice. En pareille occurrence, les règles contenues dans les articles 130 et 131 du code de procédure civile seront-elles applicables et suffiront-elles à résoudre toutes les difficultés de la pratique?

Parlons tout d'abord des jugements *convenus* ou *d'expédient*. Quant à ceux-ci, nul doute ne peut s'élever ; car il s'agit simplement, en pareil cas, de donner la forme d'un jugement aux transactions intervenues entre les parties. Le juge, cela va sans dire, n'a pas à prononcer sur les dépens que les contractants ont réglés comme il leur a convenu. Viennent ensuite les *jugements sur requête*. Ici encore il ne peut y avoir de partie succombante et, par suite, application des articles 130 et 131 précités. Le requérant, en effet, n'a pas de contradicteur; mais comme le jugement est rendu à son profit, il en payera les frais soit en son nom personnel : pour une demande d'envoi en possession, par exemple[1]; soit en sa qualité : tel est le cas d'un héritier bénéficiaire, autorisé à vendre des immeubles de la succession[2]. Inutile de s'arrêter aux *jugements d'adjudication*, la question relative aux frais se trouvant tranchée par les conditions insérées au cahier des charges de l'enchère.

Nous arrivons maintenant à considérer certaines contestations, où le juge sera appelé à répartir les dépens sans le secours des articles 130 et 131. A moins d'incidents, mal à propos élevés, qui, alors, entraînent la condamnation de celui qui les a suscités sans raison, nous allons nous trouver en présence de parties auxquelles il sera impossible d'attribuer la qualité de *succombantes*. Il en est ainsi dans les instances en partage, compte, liquidation.... Dès lors à quel principe, à quelle règle recourir pour opérer la division des frais de justice?

Afin de mettre le plus d'ordre et de clarté possibles dans notre exposition, il convient de préciser par un exemple l'objet de la discussion.

Primus décède laissant quatre fils légitimes, parmi lesquels un mineur et un interdit. Sa succession se compose de quatre maisons, d'une valeur totale de 100,000 francs, libres de toute dette. Pourtant, il a légué, par préciput et hors part, à son fils aîné la somme de 20,000 francs. Un partage amiable ne pouvant aboutir[3] et l'état d'indivision étant préjudiciable aux intérêts du pupille, le tuteur, dûment autorisé par le conseil de famille,

1. Art. 120 et 770 du code civil.
2. Art. 986 du code de procédure civile.
3. Art. 838 du code civil et 966 du code de procédure civile.

provoque le partage. Le tribunal, saisi de cette demande parfaitement légitime et conforme au vœu de la loi, n'hésitera pas à la déclarer juste et bien fondée et à ordonner le partage. Puis, sans nous engager dans les détails de la procédure à suivre, reportons-nous au moment où, en vertu de l'article 981 du code de procédure civile, le tuteur poursuivra l'homologation du procès-verbal de partage et supposons que le tribunal accueille favorablement cette nouvelle demande. Le problème qui se pose est de savoir à qui va incomber la charge des dépens, dont nous fixerons le montant à 4,000 francs.

Il est facile de se convaincre que le droit commun, exprimé dans les articles 130 et 131, ne saurait trancher la question.

1° Au point de vue de l'article 130, le pupille serait évidemment écarté de toute contribution aux frais de l'instance en partage, car la perte du procès est corrélative à la charge des dépens ; or, toutes les conclusions prises par le tuteur ayant été ratifiées par le tribunal, le pupille devrait, par cela même, être exonéré de toute participation aux dépenses nécessitées par le partage. Ce seraient donc les copartageants du mineur qui auraient à subir la condamnation aux dépens. Cependant, aucune résistance de leur part ne s'est manifestée, aucun incident inopportun ne s'est produit, aucune entrave n'a été portée à l'exercice d'une action, dont la loi consacre formellement la légitimité[1]. Dans ces conditions, il serait donc déraisonnable de les déclarer succombants et, en cette qualité, de les rendre passibles de la condamnation aux dépens, à moins de faire résulter, véritable course au clocher, le gain ou la perte d'un procès du plus ou moins d'empressement à mouvoir une action.

2° A la vérité, l'article 131, sans avoir égard au triomphe ou la défaite des parties en cause, autorise le juge à compenser les dépens entre parents ou alliés spécialement déterminés, notamment entre frères, comme dans le cas actuel. Mais d'abord notre hypothèse cadre-t-elle avec les prévisions de ce texte? La cour de Nancy[2] a décidé le contraire, et les auteurs[3] sont également d'avis que les frais de partage ne peuvent faire l'objet d'une compensation entre les contestants. La raison en est simple. D'un côté, la latitude laissée aux tribunaux de compenser les dépens serait restreinte au cas les moins fréquents de partage et ne pourrait s'étendre même aux cousins germains[4]. De l'autre, qu'arriverait-il si la compensation était ordonnée? *Totale :* le pupille aurait à payer la presque totalité des frais, dont, en sa qualité de demandeur, il a dû faire l'avance; *proportionnelle*, on se heurterait à des difficultés considérables pour déterminer avec exactitude le droit de répétition que les uns auraient à exercer contre les autres.

Il ressort de cet exposé que les principes généraux des articles 130 et 131 du code de procédure ne visent pas la réglementation à faire des dépens,

1. Art. 815 du code civil.
2. Nancy, 15 janvier 1838.
3. Bioche, v° *Dépens*, n° 99 ; — Dutruc, *Traité du partage des successions*, n° 469.
4. Favard, t. III, p. 161 ; — Chauveau, *Quest.*, 558 *bis ;* — Aix, 1er mars 1817.

motivés par une instance en partage. En cet état, nous sommes tout naturellement conduit à rechercher d'après quelle règle sera établie, entre communistes, la contribution de chacun à ces dépens.

Dans l'ancien droit, les dépens se divisaient *par têtes* et non à proportion de l'intérêt de chaque copartageant dans le litige. C'est ainsi que Ferrière[1], parlant de cohéritiers, enseigne que « l'aîné, quoique plus avantagé que ses frères ou sœurs, n'en doit pas pour cela plus de dépens qu'eux, dans les affaires qui concernent la succession. » A ce propos, il n'est peut-être pas hors de saison de rappeler en quoi consistait l'avantage conféré par la loi au premier né d'entre les mâles. Celui-ci prélevait dans les successions de ses père et mère, avant tout partage, un préciput, augmenté d'un arpent de terre, qualifié « le vol du chapon. » Ce prélèvement opéré, les deux tiers des autres fiefs et héritages lui appartenait, s'il n'avait qu'un frère; dans le cas contraire, c'est-à-dire si les enfants excédaient le nombre de deux, il prenait la moitié des biens héréditaires et les autres enfants se partageaient entre eux l'autre moitié[2]. Sous un régime qui consacrait le droit d'aînesse, la division *par têtes* était logique. Mais tout autre est notre législation. Banni à jamais de nos codes, flétri par les assemblées de 1792 et de 1804, réprouvé par la morale et la nature, contraire à la paix des familles, violateur du plus sacré de nos droits : l'égalité, le droit d'aînesse ne saurait se survivre en quelque sorte à lui-même par une répartition inégale des dépens. Comme l'observe très justement M. Berriat-Saint-Prix[3], les textes, qui consacrent l'opinion des anciens auteurs, décident seulement que les dépens ne sont point solidaires; ils gardent le silence sur cette étrange division par *têtes*.

Le plus grand nombre des interprètes modernes apporte sur le problème, qui fait l'objet de ce débat, une surprenante réserve. Les uns appliquent le système de la division par *têtes*, *pro numero virorum*, à toutes les hypothèses; les plus autorisés se bornent à exprimer leur manière de voir sans en déduire les motifs. Voici ce que le savant doyen de la faculté de Poitiers, M. Boncenne[4], écrit à ce sujet : « Ordinairement, on juge que les frais d'un partage fait en justice et ceux préliminaires de scellés, d'inventaire, d'expertise seront pris sur la masse et supportés par les copartageants *pro modo emolumenti*, à moins que l'un d'eux n'ait élevé quelque contestation mal fondée. » La même opinion est embrassée par M. Dutruc[5], qui l'expose en ces termes : « Les frais de partage (ou de licitation), étant faits dans l'intérêt de tous les héritiers, doivent être supportés par chacun d'eux *dans la proportion de son émolument*, ce qui revient à dire qu'ils sont à

1. *Dict.*, v° *Dépens*; — LOYSEL, *Inst. cout.*, liv. XLV, t. III, n° 68; — *Coutume de Paris*, art. 334.

2. V. FERRIÈRE, *Dict.*, v° *Part avantageuse*; — *Coutume de Paris*, art. 15 et suiv.; — LOYSEL, *loco cit.*

3. *Cours de procédure civile*, t. I, p. 158, note 2.

4. *Théorie de procédure civile*, t. II, p. 528.

5. *Traité du partage de succession*, n° 469.

charge de la succession. Ce point ne peut être l'objet d'une difficulté. »

On nous permettra de ne pas partager cet avis optimiste, à savoir que cette dernière théorie ne souffre aucune difficulté. On doit savoir gré à son auteur, plus explicite que la plupart des commentateurs, d'avoir fourni un argument à l'appui de sa thèse : l'intérêt de tous les héritiers. Cela est-il suffisant? Nous ne le croyons pas. Où se trouve, en effet, la loi qui consacre le système de la répartition des dépens, *pro modo emolumenti?* Nulle part. D'ailleurs, il n'est pas nécessaire d'aller bien au fond des choses pour se convaincre que cette doctrine est à la fois incomplète et inexacte.

1° Elle est incomplète, car l'action en partage s'applique non seulement aux biens d'un individu décédé, mais encore son exercice appartient à quiconque possède des droits sur une chose commune. Il est donc indispensable d'envisager la question à un point de vue plus large et d'indiquer une règle de répartition des frais, applicable à tous les coindivisaires.

2° Elle est inexacte, car il y a erreur à prendre l'émolument de chaque héritier, comme base de proportion de la part de frais à mettre à la charge des copartageants. Nous n'en voulons d'autre preuve que l'exemple, dont nous nous sommes déjà servi. La portion que prendra le fils aîné du *de cujus* dans la masse héréditaire sera de 40,000 francs : c'est-à-dire 20,000 francs de préciput et 20,000 francs en sa qualité d'héritier. Or, les articles 871 et 1024 du code civil libèrent le légataire particulier de toute contribution aux charges de la succession. Donc il ne supportera les dépens qu'en proportion de sa quotité héréditaire et non *pro modo emolumenti.* On n'a pas pris garde qu'il résume en lui deux personnes tout à fait distinctes : d'un côté, légataire, il est créancier de la masse jusqu'à concurrence de son préciput et, à ce titre, ne saurait contribuer aux frais du partage; de l'autre, héritier, il ne recueille qu'une part équivalente à celle de ses cohéritiers et ne peut par conséquent être tenu au delà de la somme mise à la charge de ses derniers. Tout différent serait le résultat, si sa contribution aux charges de l'hérédité devait être calculée par relation à son émolument. Il faudrait, en effet, porter à deux cinquièmes de la totalité des dépens, soit à 1,600 fr., la part à lui afférente, puisqu'il prend les deux cinquièmes de la succession et alors chacun de ses frères n'aurait à supporter qu'un cinquième des trois cinquièmes restants soit, 800 francs. Bien au contraire, chacun des successibles sera tenu pour un quart, soit 1,000 francs. Et la justification de ce mode de répartir les dépens se trouve encore écrite dans l'article 1220 du code civil, en vertu duquel chaque héritier ne peut être contraint que dans la mesure où il est continuateur de la personne du défunt. Or, il est évident qu'il ne représente ce dernier que dans la même proportion que ses frères. D'où la conséquence que les frais d'un partage fait en justice seront supportés non pas *pro modo emolumenti*, mais plutôt proportionnellement à la *quotité héréditaire* de chaque copartageant[1].

Il en sera ainsi, alors même qu'un mineur aurait nécessité par sa présence

1. Rodière, t. I, p. 282.

l'obligation de recourir à un partage judiciaire. Les articles 466 et 840 portent, en effet, que tout autre partage ne sera que *provisionnel*. C'est donc dans l'intérêt de tous que la justice fait cesser d'une manière définitive l'indivision; par conséquent, les frais seront mis à la charge de chaque colicitant en proportion de sa part héréditaire. A propos de l'article 466, il est bon de retenir un argument historique qui repousse la théorie de la division des dépens *pro modo emolumenti*. Lors de la discussion de cet article, la section de législation avait proposé une disposition additionnelle portant que tous les frais seraient supportés par tous les copartageants. Sur une observation de Tronchet, qui fit observer que le partage étant reconnu juste et nécessaire, c'était *la chose* qui devait en supporter les frais, la proposition du conseil d'État fut repoussée. Le législateur s'est par conséquent approprié l'opinion de Tronchet[1]. Or, de quoi se compose la chose à partager? Apparemment, de ce qui restera après que les dettes auront été payées; car il n'existe, en droit, un actif qu'après payement de toutes les dettes : *bona non intelliguntur, nisi deducto ære alieno*. N'oublions pas que le cohéritier préciputaire reçoit son préciput non pas comme continuateur de la personne du *de cujus*, mais bien comme créancier de la succession; ce qui prouve avec certitude que sa part de frais ne sera pas corélative à son émolument; elle sera proportionnelle à sa quotité héréditaire.

Mais, dira-t-on, les dépens d'une instance en partage ne constituent pas une *charge de la succession;* les textes que l'on a invoqués pour soutenir cette doctrine résistent à l'interprétation beaucoup trop étendue, qui en est faite. L'égalité, qui doit être l'âme du partage serait complètement sacrifiée, s'il devenait possible de voir un des successibles prendre d'une main les deux cinquièmes de la masse et de l'autre ne contribuer que pour un quart aux frais de l'instance. Sans doute, par l'effet de la saisine, la propriété et la possession de l'hérédité passent, *ipso jure*, dès le moment du décès, aux parents légitimes sous l'obligation d'acquitter toutes les charges de la succession. Est-ce à dire pour cela que le mot *charges* doive englober, dans sa généralité, les frais de partage? Pas le moins du monde. Un texte positif est ici indispensable, car pour toutes les obligations héréditaires, qui prennent naissance après la mort du *de cujus*, le code contient une désignation particulière à chacune d'elles. On ne saurait donc, sans l'assentiment formel du législateur, augmenter arbitrairement le nombre des charges successorales. Ainsi, les frais funéraires sont garantis par le privilège de l'article 2101 du code Napoléon; les frais de scellés, d'inventaire et de compte, exposés par l'héritier bénéficiaire, sont à la charge de la masse, d'après l'article 810 du même code. Si ces mêmes frais ont été avancés par l'exécuteur testamentaire, c'est encore, énonce l'article 1034 du code civil, la succession qui les supporte. La loi du 22 frimaire an VII, article 15, n° 17, met pareillement les frais de mutation au passif héréditaire. Par contre,

1. Locré, 5, 236; — Proudhon, *Des personnes*, 2, 391; — Chabot, t. III, p. 167; — Bioche, v° *Dépens*, n°s 99-100; — Dutruc, *Traité du partage*, 472.

rien de semblable n'est décidé relativement aux dépens motivés par le partage. Le législateur, ajoute-t-on, distingue les dettes personnelles au successible d'avec celles qui ont été contractées pour la conservation et la liquidation de la chose. Pour ces dernières, il en impose le payement à l'hérédité, ce qui implique que les autres obligent ceux qui les ont faites. La succession, a dit le conseiller Treillard[1], est la manière dont les biens, les droits, les dettes et les charges des personnes qui meurent passent à d'autres qui entrent à leur place. C'est donc à l'instant de sa mort qu'il faut se reporter pour connaître les droits actifs et passifs du défunt. Toutes les obligations antérieures au décès sont *dettes et charges de la succession*, toutes les obligations postérieures au décès ont pris naissance dans la personne de l'héritier et sont par conséquent personnelles à celui-ci. Si cette distinction n'est pas absolue et si certains frais, bien que postérieurement faits au décès du *de cujus*, sont mis à la charge de la succession, c'est d'abord en vertu de la volonté explicite de la loi et en second lieu parce qu'ils se rattachent étroitement à l'hérédité. Les frais funéraires, par exemple, représentent la rémunération d'un service rendu à la personne du défunt[2]; les frais de scellés, d'inventaire, de compte, de mutation sont aussi profitables aux créanciers de la masse partageable qu'aux héritiers eux-mêmes. D'où la conclusion que les frais de partage sont étrangers aux *dettes et charges* de la succession et que le fils aîné du défunt, profitant du partage à concurrence de deux cinquièmes de la masse héréditaire, contribuera, dans la même proportion, aux frais du partage.

On le voit, les objections, qui pourraient être élevées contre notre système, ont leur importance. Nous désirerions même, au point de vue de la justice et de l'égalité, qu'elles fussent décisives. Néanmoins, *dura lex, sed scripta*, et il est impossible d'admettre la division des dépens *pro modo emolumenti*, en présence des dispositions formelles de la loi. La doctrine que nous combattons aurait, en effet, pour résultat, de confondre dans la personne du fils aîné du défunt deux individualités juridiques parfaitement distinctes : l'héritier et le légataire à titre particulier. Or, les articles 1016 et suivants, 1024 du code Napoléon, déclarent que le légataire particulier ne participera point aux dettes de la succession et que la délivrance du legs sera supportée, pour les frais de la demande, par l'hérédité. Créancier de la masse des biens à concurrence de son préciput, le légataire ne serait pas recevable en cette qualité, à provoquer le partage. Dès lors, il est clair qu'il ne peut être tenu de contribuer à des frais que la loi ne lui permet pas de faire et que sa part de dépens ne sera pas en rapport de son émolument. S'il en était autrement, le légataire particulier, qui n'aurait aucun lien de parenté avec le défunt, devrait, lui aussi, payer une part de dépens proportionnelle à son legs. Personne n'oserait soutenir une pareille conséquence; ce qui prouve, une fois de plus, l'erreur de la division *pro modo emolumenti*.

1. *Exposé des motifs*, loi relative aux successions : séance du 19 germinal an IX.
2. Demante, t. III, n° 24 *bis*, V.

La règle générale des articles 130 et 131 souffre de nouvelles exceptions, dont il suffira de donner une rapide énumération :

1° La reddition du compte de tutelle, faite dans l'intérêt du pupille, emporte pour celui-ci, aux termes de l'article 471 du code civil, obligation de payer les frais avancés par le tuteur; sauf, bien entendu, le cas où ce dernier aurait provoqué des incidents inutiles dans lesquels il aurait succombé[1].

2° Le bornage se fait à *frais communs* porte l'article 646 du code civil. Que faut-il entendre par ces mots, frais communs? Seront-ils supportés par moitié ou bien en proportion de la contenance respective du fonds à borner? Une distinction est nécessaire. S'agit-il des frais de justice, c'est-à-dire jugement avant-faire-droit, procès-verbal de bornage..., ils seront totalisés et chacune des parties sera tenue de payer la moitié de ce total. S'agit-il des frais d'arpentage et, en général, des opérations relatives à l'application des titres..., ils seront répartis proportionnellement à la superficie de l'héritage de chacun[2]. Relativement aux contestations soulevées au sujet du bornage, elles rentrent dans le droit commun des articles 130 et 131 du code de procédure civile[3].

3° Tout contribuable a le droit d'exercer les actions qu'il croit appartenir à la commune ou section, s'il est inscrit au rôle de cette commune; mais il supporte les dépens en cas de perte du procès[4].

4° Les frais d'instance en liquidation de communauté sont pris sur la masse et il a été jugé[5] qu'il devait en être ainsi, alors même que l'une des parties aurait élevé des incidents dans lesquels elle a succombé, si ces contestations n'ont pas donné lieu à de plus amples dépens que ceux qui étaient, dans tous les cas, nécessaires pour l'homologation du procès-verbal de liquidation.

5° Les frais exposés par les syndics ou auxquels ils ont été condamnés, sont acquittés, par voie de *prélèvement*, sur les deniers de la faillite comme frais de syndicat; d'où il suit que la partie ayant obtenu condamnation aux dépens contre une faillite, est créancière de la masse et n'est pas soumise à la contribution commune par voie de dividende[6].

6° En matière d'ordre, si les plaideurs succombent respectivement sur quelques chefs, le tribunal peut-il compenser les dépens en tout ou en partie? Sous l'empire de la loi du 21 mai 1858, cette question, autrefois très douteuse, ne peut plus faire une difficulté. L'article 766 du code de procédure place les contestations d'ordre sous le régime du droit commun.

1. Demolombe, t. VIII, n°s 104 et suiv.; — Caen, 22 mars 1860; — Lyon, 19 août 1853; — Pau, 19 août 1850; — Cass. 11 mars 1857.

2. Demolombe, *Servitudes*, t. I, n° 276; — Aubry et Rau, t. II, p. 226; — Curasson, § 3, n° 23; — Millet, p. 199; — Bugnet, n° 51; — Mongis, *Encyclopédie du droit*, v° *Bornage*, art. 2, n° 57; — Taulier, *Théorie raisonnée du code civil*, t. II, p. 374.

3. Demolombe, *Ibid.*, n° 277; — Bourbeau, p. 445; — Aubry et Rau, t. II, p. 226; — Rousseau et Laisney, *Dict.*, v° *Bornage*, n° 49.

4. Art. 49 de la loi de 1837; — Aucoc, n° 272.

5. Poitiers, 15 nov. 1865.

6. Riom, 1er juin 1859; — Civ. req., 20 avril 1869; — Art. 565 du code de com.

Voici en quels termes s'est expliqué le rapporteur de la loi[1] : « En première instance, l'usage à peu près général employait les dépens des contestations en frais d'ordre, et encourageait ainsi les contredits les plus téméraires. Une excellente réforme va rendre les contredits plus circonspects en rétablissant la règle générale... » Le principe posé dans le nouvel article 766 que chacun plaide dans son intérêt exclusif et que les frais ne doivent pas être prélevés par privilège en diminution du prix à distribuer, n'est pas absolu et souffre les trois exceptions suivantes :

a) Un créancier, dont la collocation rejetée d'office, malgré une production suffisante, a été admise par le tribunal, ne saurait supporter aucuns frais puisqu'il a gagné son procès. Telle est la première dérogation admise par le législateur. Elle n'est pas suffisamment étendue, car elle doit embrasser tous les contredits élevés contre le règlement provisoire, dont aucun créancier ne se constitue le défenseur. Supposons, en effet, une collocation, portée au règlement provisoire, en faveur d'une personne dont le titre de créance est atteint par la prescription; l'un des créanciers contredit le mérite de cette collocation et il obtient un jugement ordonnant la suppression dans l'ordre de la créance contestée. Dans cette dernière hypothèse, comme dans celle prévue par l'article 766, le contredisant n'a pas rencontré d'adversaire, si ce n'est l'avoué commun du dernier créancier colloqué. Comment seront répartis les dépens? Dans les deux cas, le créancier contestant ne pourra être condamné, puisqu'il a obtenu complet gain de cause. Quant à l'avoué, intervenant dans l'intérêt de la masse, il serait dérisoire de le taxer de plaideur téméraire, puisqu'il n'a pris des conclusions que sur le commandement formel de la loi. Il *succombe*, il est vrai; pourtant, en bonne justice, peut-il raisonnablement être rendu passible d'une condamnation qu'il n'avait pas la liberté de ne pas encourir? Or, nous avons établi que les dépens, adjugés à celui qui sort vainqueur de la lice, sont la réparation nécessaire, due par le vaincu, à raison de son agression injuste ou de sa résistance non justifiée. Ici, ces conditions faisant défaut, la condamnation ne saurait atteindre le perdant. Néanmoins, des frais ont été exposés et nécessairement ils doivent être mis à la charge de quelqu'un. Qui donc les payera? Logiquement, ce devrait être le juge commissaire, car il est l'auteur des dépenses faites pour obtenir rectification de son travail; mais les juges, porte l'article 505 du code de procédure, sont irresponsables, sauf les cas de prise à partie. En présence de cette situation exceptionnelle, l'article 766 a dû prescrire une mesure d'exception et ordonner que les dépens du créancier, ayant obtenu, sans contradiction, la réformation du règlement provisoire, seraient employés sur le prix, c'est-à-dire supportés en définitive par le créancier sur lequel les fonds manquent. MM. Grosse et Rameau[2] enseignent que « la loi nouvelle *compense* en pareil cas les dépens. » Rien ne justifie cette opinion, formelle-

1. Rapport fait au nom de la commission du Corps législatif, par M. Riché, n° 172.
2. *Procédure d'ordre,* t. II, n° 436.

ment contredite, du reste, par l'article 131 du code de procédure, dont l'application exige soit des liens de parenté entre les plaideurs, soit le triomphe ou la défaite partiels des deux adversaires. Au surplus, la doctrine de ces auteurs est combattue par les travaux préparatoires de la loi du 21 mai 1858. Après avoir constaté les avantages que produira le rétablissement de la règle générale des articles 130 et 131, le rapporteur[1] s'exprime ainsi : Néanmoins la masse *supportera* les frais faits par un créancier dont la collocation, rejetée d'office par le commissaire, aura été rétablie par le tribunal. Nulle part il ne s'est agi et il ne pouvait s'agir d'une *compensation*. Le tribunal se bornera donc, suivant le vœu de la loi, à ordonner que les dépens du contestant seront employés sur le prix au rang de sa créance : ainsi le déclare, en termes exprès, l'article 766.

Il est à peine nécessaire d'indiquer que le droit commun reprendra son empire : 1° Si le contredisant n'obtient que *pour partie* réformation du règlement provisoire[2], ou bien si les plaideurs sont parents ou alliés au degré voulu par l'article 131. Dans l'un et l'autre cas, le juge aura la faculté de prononcer, suivant les circonstances, la condamnation aux dépens ou la compensation.

b, *c*) Nous ne nous arrêterons pas aux deux autres dérogations à la règle posée en tête de l'article 766. La première a été introduite en faveur de l'avoué de la cause commune; il prélèvera les frais nécessités par l'accomplissement de la mission qu'il tient de la loi, sur le restant du prix affecté au payement des créances postérieures à celles n'ayant été l'objet d'aucune contestation. La seconde est relative au contestant et au contesté, lesquels deviennent passibles, même en obtenant gain de cause, de la condamnation aux dépens, s'ils ont mis de la négligence dans la production de pièces justificatives de leurs créances.

7° L'article 132 du code de procédure contient l'énumération d'un grand nombre de personnes qui, par suite de leurs agissements, peuvent être condamnées *personnellement* aux dépens d'une instance où elles ne figurent pas en qualité de parties. Ce sont-là de nouvelles exceptions à la règle générale, dont nous renvoyons l'examen à *Notre Commentaire sur l'article 132.*

Si les parties succombent respectivement sur quelques chefs, il arrive fréquemment que les tribunaux, au lieu de prononcer la *compensation*, autorisée par la deuxième partie de l'article 131, font *masse des dépens*. Ce mode de répartition consiste à déterminer la proportion suivant laquelle chacune des parties supportera les frais du procès. Pigeau[3] avait raison lorsqu'il exprimait, au sujet de la compensation, ce sentiment : « Il semble que les torts étant égaux, la peine devrait être subie également, mais ce n'est pas l'usage. » La mise en masse des dépens ordonnée par un jugement est un moyen très pratique pour arriver, suivant le vœu de la loi, à une application, aussi approximative que possible, de ce principe d'équité, d'après lequel toute

1. *Rapport* de M. Riché, art. 766 et 768, n° 172.
2. Séligman, *Procédure d'ordre,* n° 491.
3. Pigeau, t. I, p. 520.

personne doit payer les dépenses qu'elle a mal à propos occasionnées. Ainsi, nous sommes profondément convaincu qu'il serait tout à fait conforme à l'esprit du code de soustraire l'article 131, § 2, à la compensation des dépens, pour réserver ce genre de répartition au premier paragraphe de ce même article. Dans tous les litiges, entre parties non parentes au degré voulu par notre texte, il serait fait masse des dépens : la loi recevrait ainsi une exacte application; mais, de plus, la justice y gagnerait et beaucoup de difficultés seraient aplanies.

La mise en masse des dépens n'est-elle qu'une modalité de la compensation des dépens? Il faut distinguer. Si la compensation est totale, on ne peut établir aucun rapprochement entre ces deux opérations, car, à vrai dire, il n'y a pas de condamnation aux dépens, chaque partie restant débitrice de ses propres frais et n'ayant aucune répétition à exercer contre l'adversaire. Suivant la remarque fort judicieuse de Rodier[1], la compensation pure et simple n'est qu'un *modus negandi*. La compensation proportionnelle, au contraire, tout aussi bien que la mise en masse, supposent une condamnation, ne résidant pas dans une formule de jugement, mais découlant de la nature même des choses; car il arrivera dans cette hypothèse que l'un des plaideurs sera tenu de payer une portion des frais de son adversaire. Les différences qui distinguent ces divers modes de répartition des dépens sont généralement méconnues par les auteurs et par la doctrine; de là sont nées de graves dissidences. Suivant nous, cette distinction est capitale, susceptible qu'elle est de nombreuses et importantes applications. C'est ce qui explique l'insistance que nous avons mise à combattre la théorie qui, confondant la compensation du code civil avec la compensation du code de procédure, soumet ces deux opérations aux mêmes règles. Montrons, par un exemple, les dangers de cette assimilation. Aux termes de l'article 133 du code de procédure, l'avoué de la partie victorieuse a la faculté de faire séparer de l'ensemble des condamnations adjugées à sa partie, celle relative aux dépens. En vertu de ce privilège de distraction, l'avoué acquiert contre l'adversaire de son client une créance directe, non sujette à compensation, et le bénéfice de cette créance est réputé n'avoir jamais résidé sur la tête du client, de telle sorte que la partie adverse ne peut se libérer valablement qu'en désintéressant l'avoué de toute la somme distraite à son profit. A partir de la distraction prononcée, c'est en vain que des oppositions seront pratiquées par des tiers, c'est en vain aussi qu'une compensation des sommes dues par son client serait opposée à l'avoué distractionnaire. Sauf l'avis contraire de Demiau[2], il y a unanimité à cet égard parmi les auteurs et dans la jurisprudence. C'est ainsi que Pothier[3], après avoir, dès le principe, embrassé l'opinion de Demiau, s'est rendu à la jurisprudence : « établissant pour règle générale, *dans quelque cas que ce soit*, que la créance

1. Rodier, *Quest.*, p. 471.

2. Demiau, p. 119. — V. également Boucher d'Argis, v° *Distract. des dépens*, p. 226, 3° édit.

3. *Traité du contrat de mandat*, n° 137.

des dépens, dont le procureur se fait adjuger la distraction, est censée n'avoir jamais résidé qu'en sa personne et non dans celle de sa partie à qui ils sont adjugés. »

Cela posé, reste à savoir dans quelles hypothèses la distraction pourra être requise, car dès l'instant où elle aura été prononcée, nous savons maintenant quelle est l'étendue des droits qui en découlent. Les dépens sont-ils simplement compensés? Pas de distraction passible[1], puisque l'article 133 porte qu'elle ne pourra être prononcée que par le jugement contenant une *condamnation* aux dépens. — S'agit-il d'une compensation proportionnelle? La distraction sera requérable, car, nous venons de le dire, cette espèce de compensation implique la condamnation de l'une des parties. Ainsi, supposons que le tribunal ait compensé les deux tiers des frais faits par Pierre avec la totalité des frais avancés par Paul, il est clair que si nous fixons à 300 francs le montant des frais exposés par Pierre, celui-ci sera constitué créancier de Paul pour le tiers, non compris dans la compensation ordonnée, soit 100 francs. Par suite, l'avoué distractionnaire aura recours contre ce même Pierre à concurrence de cette dernière somme. — Est-il fait masse des dépens? — L'avoué possède encore la latitude de réclamer la distraction, toujours par ce motif que cette manière de répartir les dépens suppose une condamnation. Exemple : un jugement prescrit que, masse faite des dépens, deux tiers seront supportés par Pierre et le tiers restant par Paul, or, nous admettons, comme tout à l'heure, que la totalité des frais se chiffre par 300 francs. A notre avis, les avoués des deux parties auront chacun la faculté de conclure à la distraction en leur faveur de la fraction de dépens mise à la charge de l'adversaire de leur client respectif. Que le tribunal puisse, en semblable occurrence, dire que l'exercice de la distraction obtenue sera soumis au compte réciproque que les parties devront préalablement se faire de leurs déboursés et que le privilège de la distraction restera sans effet à l'égard de l'avoué, dont la partie sera reconnue avoir fait des avances inférieures à la quotité de frais mise à sa charge, nous ne voyons pas un grand inconvénient à étendre jusque-là le pouvoir du juge. Dans ces conditions, cela va de soi, cet avoué ne pourra procéder à l'exécution qu'à concurrence de la somme dont son client serait en avance sur son adversaire. Mais plaçons-nous à un autre point de vue et supposons que le jugement, déclaratif de distraction, porte dans son dispositif : met à la charge de Pierre les deux tiers des dépens totalisés et à la charge de Paul le tiers restant, desquels dépens distraction est faite en faveur des avoués dans la cause, chacun en ce qui le concerne. Il nous paraît certain qu'une pareille décision aura pour conséquence indéniable de conférer à l'avoué de Paul le droit de poursuivre Pierre en payement des deux tiers des frais mis en masse, tandis que, de son côté, l'avoué de Pierre, sans souffrir de compensation, pourra exiger de Paul le remboursement du tiers de la masse des dépens.

1. Boucher d'Argis, 3e édit. p. 224, v° *Distraction des dépens.*

Cette dernière solution divise la doctrine et la jurisprudence et à la suite de quelques observations, dont nous avions fait suivre un arrêt de Nancy[1], deux honorables contradicteurs[2] se sont élevés contre nos critiques. Les arguments développés à l'appui de leur opinion sont sérieux et demandent une répouse. Toutefois, il convient tout d'abord de rappeler au milieu de quelles circonstances est intervenu l'arrêt dont s'agit. Dans un procès engagé entre un sieur Grandjean et la société de Montataire, la cour de Nancy avait ordonné, le 2 décembre 1878, qu'il serait fait masse des dépens pour être supportés dans la proportion de quatre cinquièmes par Grandjean et d'un cinquième par la partie adverse. Lors du prononcé de cette décision, Me T..., avoué de Grandjean, obtint distraction de ce cinquième de frais adjugés à son client et poursuivit ensuite le payement de la somme de 123 francs, en vertu de l'exécutoire qu'il s'était fait délivrer. Aussitôt, la société se déclara opposante à cet exécutoire et la cour de Nancy, par arrêt du 13 janvier 1880[3], reçut l'opposition, prononçant en outre la nullité de l'exécutoire, dont la délivrance avait été abusivement obtenue. Les principaux motifs qui ont servi de base à cet arrêt méritent d'être rapportés. « Par l'effet de la condamnation, dit la cour, condamnant Grandjean aux quatre cinquièmes des dépens et la partie adverse à un cinquième seulement, *il s'est*, A L'INSTANT MÊME, *fait une compensation* entre le cinquième des dépens deboursés par Grandjean et les avances bien plus considérables de la société de Montataire, mises pour quatre cinquièmes à la charge du perdant; *la distraction obtenue par Me T... n'a pu faire obstacle à cette compensation*, OPÉRÉE DE PLEIN DROIT et PAR LA SEULE FORCE DE LA LOI, ni faire naître au profit de l'avoué, *substitué à son client*, une créance qui n'existait pas pour celui-ci, resté, au contraire, débiteur, même pour frais, de la partie adverse. » Il nous paraît difficile d'accumuler autant d'inexactitudes juridiques en aussi peu de mots. On parle d'une condamnation aux dépens — car tel est bien le caractère de la mise en masse — produisant ce singulier résultat de faire naître, à l'instant même, une compensation entre la part de frais incombant à l'un et la fraction incombant à l'autre. Sans doute, il est de jurisprudence constante que les juges sont investis d'un pouvoir discrétionnaire pour faire la répartition des dépens entre parties qui succombent respectivement. Néanmoins, il n'existe, que nous sachions, d'autre mode de compenser les dépens que celui de l'article 131 du code de prcédure; or, si un juge prononce une *condamnation*, ce ne sera pas apparemment pour produire une *compensation*. Il rentrait peut-être dans les intentions de la cour de permettre à l'avoué, bénéficiaire de la distraction, de n'exercer son privilège que sur la somme de frais excédant la quotité, dont sa partie avait été chargée. Mais il ne s'agit pas d'interpréter des intentions, ni de savoir ce que l'on a voulu faire, mais bien ce que l'on a fait réellement; car le

1. *Bulletin de la taxe*, I, p. 123.
2. G. DUTRUC et COUEFFIN, v° *Bulletin de la taxe*, I, p. 123 et 129.
3. Rapporté : *Bulletin de la taxe*, I, p. 123; — *Recueil périodique de procédure civile*, t. II, p. 497 et la note.

pouvoir du juge expire au moment où il vient de rendre sa sentence, qui devient la loi des parties. Bien dangereuse serait la théorie permettant de reprendre en sous œuvre une décision acquise aux intéressés, d'en élargir le sens et de sous-entendre telle ou telle condition, qui n'a pas été expressément formulée. Que contient donc le dispositif de l'arrêt? La condamnation de la société de Montataire au cinquième des dépens, dont distraction au profit de Me T... Aussitôt la cour de déclarer « que la distraction obtenue par Me T... n'a pu faire obstacle à la compensation. » Pour qu'il en fût ainsi, la cour devait le dire; mais à défaut d'une disposition formelle, on ne saurait mutiler un droit et empêcher qu'un privilège produise toutes les conséquences que la loi y attache. Or, par l'effet de la distraction, la condamnation distraite au profit de l'avoué a rendu en quelque sorte la créance du cinquième des dépens étrangère au client, pour venir se poser sur la tête de l'avoué. Cette créance est sortie du patrimoine de Grandjean pour entrer dans le patrimoine du bénéficiaire de la distraction. Et alors le raisonnement de la cour conduirait à cette bizarre conclusion que la créance de Me T... servirait à éteindre, par voie de compensation, non pas la dette de ce même Me T..., mais celle de son client.

La compensation, nous apprend encore l'arrêt, s'est opérée de *plein droit*, en dépit de la distraction prononcée, par la *seule force de la loi*. Comment! on parle ici d'une compensation légale s'opérant *ipso jure*, alors que la cour ne se bornant plus à constater le droit des parties, lui *donne naissance* par la répartition facultative qu'elle fait des dépens! Si une compensation était possible, elle serait forcément *judiciaire*[1], par conséquent inséparable d'une déclaration émanée du juge. Ici, la cour n'ayant pas en termes exprès ordonné la compensation, il est impossible de la suppléer. Bien plus, la doctrine, contenue dans les motifs de l'arrêt, se trouve en opposition flagrante avec les principes essentiels de la compensation légale. Il est facile de s'en convaincre. L'article 1291 du code civil porte, en effet : la compensation *n'a lieu* qu'entre deux dettes, qui sont également *liquides* et *exigibles*. Cependant, quoi de plus vague, de plus incertain, de plus indéterminé que le nombre d'unités nécessaires pour composer chacune des deux créances sujettes à compensation? La cour ne savait pas la quotité des frais respectivement exposés; elle ne savait pas davantage à quel chiffre s'élevait la masse totale des dépens : d'où l'impossibilité d'une compensation de plein droit. Les dettes étaient-elles exigibles au moment où elles se seraient compensées? Pas le moins du monde, car jusqu'après l'opération complexe de la liquidation des dépens, pas plus Grandjean que la société de Montataire n'était en mesure d'indiquer le montant de sa créance. Ce n'est pas tout. Tout le monde sait que la compensation légale n'intervient qu'entre personnes personnellement et principalement créancières et débitrices l'une de l'autre[2]. Mais on n'a pas oublié que la créance de Grandjean a passé, par

1. A. Desjardins, *De la compensation*, p. 138, XXXI.
2. Art. 1289 et 1294 du code civil.

une conséquence rigoureuse du principe de la distraction, sur la tête de Me T... et que la société de Montataire ne pouvait plus se libérer qu'entre les mains de ce dernier : il n'y a donc pas eu compensation légale.

Enfin, aux termes de l'article 1298 du code civil, la compensation n'a pas lieu au préjudice des droits acquis à des tiers. Cela se conçoit facilement; car toute la théorie de la compensation repose sur la fiction d'un double payement; là où le payement n'est pas possible, la compensation est irréalisable. Rappelons[1] maintenant que la distraction des dépens fait naître, dès le moment où elle a été prononcée, au profit de l'avoué un droit unique, spécial, *sui generis*, assimilable à une saisie avec privilège sur son client entre les mains de la partie adverse. La créance du cinquième de la masse des frais, adjugée à Grandjean a donc été arrêtée entre les mains de la société de Montataire au profit de Me T..., en vertu du privilège de distraction. Or, il se trouve que l'article 1298, voulant donner un exemple dans lequel la compensation ne peut avoir lieu, au mépris des droits acquis à des tiers, cite précisément l'hypothèse d'une saisie-arrêt. Donc, la cour a méconnu encore une fois les règles relatives à la compensation légale.

A la vérité la cour considère la créance de l'avoué comme purement éventuelle, parce que les effets de la distraction n'étant autres que ceux d'une cession subrogative, il n'a pu naître au profit de Me T..., substitué à sa partie, une créance qui n'existait pas pour celle-ci, restée au contraire débitrice de la partie adverse. Voilà le point de départ de la méprise de la cour! La distraction — nous pensons avoir fourni sur ce sujet une démonstration assez complète pour n'avoir pas à y revenir[2] — n'opère pas la succession d'une personne à une autre personne; elle ne produit ni les effets légaux du transport-cession[3], ni ceux de la subrogation[4]. La proposition de l'arrêt, loin d'être manifeste, comme on le proclame, est au contraire foncièrement inexacte. Nous n'en voulons pour preuve que les constatations suivantes dont personne jusqu'ici n'a dénié la valeur; par l'effet de la distraction : 1° Le client ne cesse pas d'être débiteur de l'avoué, qui se trouve avoir ainsi deux garanties au lieu d'une; d'un autre côté, le perdant ne pourra valablement se libérer qu'en versant entre les mains de l'avoué distractionnaire la quotité de dépens mise à sa charge[5]. 2° Les frais distraits en faveur de l'avoué ne sont passibles d'aucune compensation et la partie contre laquelle s'exercera le droit de distraction ne sera pas recevable à opposer en compensation une créance, dont elle aurait eu à se prévaloir à juste titre contre le client de l'avoué[6]. 3° Pour suivre la théorie de la

1. V. notre traité, *De la distraction des dépens*, p. 29.
2. V. *Ibid.*, p. 5 et suiv.
3. V. *Ibid.*, p. 12 et suiv.
4. V. *Ibid.*, p. 5 et suiv.
5. CHAUVEAU, *Quest.*, 569; — BOUCHER D'ARGIS, v° *Distract. des dépens*, p. 220; — Cass. 13 juin 1837; — Rennes, 28 mars 1851; — Besançon, 23 février 1872; — Paris, 26 avril 1872.
6. Cass., 11 déc. 1834; — Limoges, 20 mai 1844; — Paris, 15 déc. 1855; — Besançon,

cour dans toutes ses conséquences il faudrait admettre : que l'avoué deviendra partie dans la cause, qu'il devra être intimé sur l'appel et qu'il sera nécessaire de lui signifier le pourvoi contre le jugement ou l'arrêt attaqué; or le contraire ne fait doute pas plus dans la doctrine que dans la jurisprudence [1]. 4° L'avoué, qui a touché de la partie condamnée le montant des frais faisant le mérite de la distraction, n'est tenu à aucune restitution pour le cas où le jugement viendrait postérieurement à être réformé, annulé ou cassé [2], ce qui prouve l'inanité de la cession-subrogation, invoqué par la cour et la méprise de cette dernière lorsqu'elle considère la créance de l'avoué distractionnaire comme purement éventuelle. On le voit donc, l'avoué n'est pas *substitué* à sa partie ; il est investi de toutes les prérogatives et actions de son débiteur, sans pour cela prendre les lieu et place de son client. Il est certain qu'après avoir posé en principe que les règles du transport-cession ou de la subrogation étaient applicables à la distraction des dépens, l'arrêt devrait subordonner le bénéfice de la distraction à un règlement postérieur à la décision prononçant cette distraction : *qui alterius juris utitur, eodem jure uti debet*. Mais par cela même qu'il est établi que le point de départ, admis par la cour, est erroné, que l'avoué distractionnaire n'est ni subrogé, ni substitué à son client, ni cessionnaire de ses droits et actions, il devient évident qu'une solution, reposant sur des prémisses fausses, avait des chances nombreuses d'aboutir à une conclusion anti-juridique.

Malgré le désir d'abréger un point de discussion déjà trop étendu, nous ne saurions néanmoins passer sous silence les arguments, non réfutés par avance, qui ont été produits en faveur de la thèse que nous combattons.

Un de nos honorables collègues, M. Coueffin [3] se voit dans l'impossibilité de partager notre avis. Il estime que notre système conduirait à une anomalie singulière. Supposons, dit-il, que la cour, au lieu de répartir les dépens dans des proportions inégales, eût ordonné que chaque partie conserverait ses dépens; la situation de Grandjean serait bien préférable et cependant, tout compte fait, celui-ci n'aurait pu réclamer un centime à la société de Montataire. Par quelle puissance magique, s'écrie alors notre contradicteur, attachée au mot *distraction*, l'avoué pourrait-il exiger quelque chose, alors que la position faite à son client est beaucoup moins bonne? La réponse est facile. Nous ne faisons aucune difficulté à reconnaître que dans l'hypothèse ou s'est placé notre adversaire, l'avoué n'aurait aucune répétition à élever contre la fonderie de Montataire. La raison en est

23 fév. 1872 ; — Paris, 4 août 1871 ; — Paris, 20 août 1860; — CHAUVEAU et GODOFFRE, n° 1149; — BONNESŒUR, p. 412; — RODIÈRE, t. I, p. 398.

1. Bordeaux, 4 juin 1862; — Cass., 6 janv. 1841; — Orléans, 8 janv. 1845; — Cass., 7 janv. 1852; — BONNESŒUR, p. 412; BOUCHER D'ARGIS, p. 222.

2. POTHIER, *Mandat*, n° 136; — MERLIN, *loc cit.*; — FAVARD, v° *Jugement*; — PONCET, *Jugement*, t. I, p. 399; — CARRÉ, *Quest.*, 570; — RIVOIRE, v° *Dépens*; — BIOCHE, v° *Dépens*; — BOUCHER D'ARGIS, p. 120.

3. *Bulletin de la taxe*, I, p. 129; — *Adde* ALEX. SOREL sur BOUCHER D'ARGIS, p. 225 et la note; — CHAUVEAU, *Suppl.*, VII, n° 368.

simple; car, comme l'expose M. Coueffin lui-même, une condamnation *pour cause de frais* doit nécessairement être intervenue *au profit* de l'un et au *préjudice* de l'autre, pour que l'avoué du premier obtienne le droit d'agir contre le second. En d'autres termes, pas de distraction sans condamnation. Or, l'exemple, dont on a voulu tirer avantage, contient un cas de compensation pure et simple, précisément celui où la cour n'aurait pas eu le pouvoir de distraire, au profit de l'avoué, une condamnation qu'elle ne prononçait pas. La supposition qui précède est donc sans portée. D'ailleurs, il ne s'agit pas de savoir ce qui serait advenu dans telle ou telle espèce plus ou moins favorable à Grandjean; celui-ci n'est plus en cause, ainsi qu'on semble l'oublier. Par le fait de la distraction, un droit nouveau a surgi, un rapport direct s'est établi entre la société de Montataire et Mᵉ T..., avoué de Grandjean. Par conséquent, notre contradicteur avait charge, en nous combattant, de démontrer qu'une compensation de plein droit s'était opérée, *à l'instant même*, comme le dit l'arrêt, entre le cinquième des frais, distraits en faveur de Mᵉ T..., et les avances de la société de Montataire. Telle était le problème qui se posait. La démonstration n'en a pas été tentée. On a compris sans doute la nécessité d'admettre, avec la cour de Nancy, la substitution de l'avoué à son client, car, sans le secours du transport-cession ou de la subrogation, tout le système de la compensation des frais respectifs de chacune des parties, jusqu'à due concurrence, s'écroule; or, la théorie du transport-subrogation ne résiste pas à l'analyse[1]. M. Coueffin résume son argumentation dans les termes suivants : En un mot, dans les dispositions de ce genre, on doit toujours sous-entendre, en ce qui concerne la distraction, qu'elle n'aura lieu que si les frais de la partie de l'avoué excèdent la part dont elle doit définitivement rester chargée. Voilà une proposition qu'il ne suffisait pas d'énoncer; car, d'une part, on ne s'explique pas la nécessité de recourir à des sous-entendus lorsqu'il est beaucoup plus simple d'exprimer sans ambages une décision que le devoir du juge est de rendre aussi claire que possible; d'autre part, aucun texte n'autorise une si étrange innovation. En fait, la cour de Nancy avait expressément, sans réticence aucune, prononcé la condamnation de la fonderie de Montataire à un cinquième des frais mis en masse, avec distraction au profit de Mᵉ T... Et M. Coueffin, fermant les yeux à l'évidence et retirant aux termes toute leur valeur, de nous dire que ce premier arrêt ne contenait aucune condamnation contre la société, que la distraction ordonnée n'avait qu'une existence éventuelle qui pour être tacite, n'en dérivait pas moins de la nature des choses. Eh quoi, la nature des choses, expression vague et indéterminée, pourrait prévaloir contre le dispositif d'un arrêt, dont la précision défie toute équivoque! Mais alors une décision judiciaire une fois prononcée ne sera plus la loi des parties; elle ne sera jamais définitivement acquise; à côté des déclarations écrites prendront place les déclarations sous-entendues, latentes, dont l'effet sera de modifier, d'élargir, de rétracter, de soumettre à des conditions

1. V. *De la distraction des dépens, loco suprà cit.*

éventuelles le dispositif des jugements ou des arrêts. On comprend combien périlleuse serait une semblable doctrine, dont toute l'utilité pratique se résume dans la dispense accordée aux tribunaux de formuler nettement leurs volontés.

Un estimable auteur[1], M. Dutruc, dont nous aurions été heureux de rallier le suffrage, a cru devoir appuyer de son autorité l'opinion soutenue par M. Coueffin. Il est inadmissible, suivant ce jurisconsulte, qu'un arrêt ait entendu condamner à payer *immédiatement* à son adversaire une quote-part des dépens mis en masse, alors qu'il devra être établi, par la liquidation de de ces dépens, qu'elle a fait des avances supérieures à cette quotité et qu'ainsi elle se trouve elle-même créancière de l'autre partie d'une somme plus ou moins forte. Cette interprétation ne laisse pas que de nous surprendre, car c'est le contraire qui est exact. Toute condamnation, en effet, sauf réserve et sauf les cas spéciaux où un délai de grâce a été accordé, emporte pour celui qui l'obtient le pouvoir d'en poursuivre l'exécution *immédiate*. Or, il faut bien se pénétrer des dispositions contenues dans l'arrêt du 2 décembre 1878 et surtout le prendre tel qu'il a été rendu. Que décide-t-il donc? Qu'il sera fait masse des dépens et que la société de Montataire aura à sa charge le cinquième de cette masse. Puis, il déclare distraire en faveur de Me T..., le montant de la condamnation prononcée contre cette société. Que les parties litigantes aient à se faire compte de leurs avances respectives, nous ne le contestons pas; mais Me T..., qui n'est pas dans la cause, ne saurait intervenir dans ce règlement. Il le pourrait d'autant moins que l'exercice du bénéfice de la distraction n'a pas été subordonné, d'après le dispositif de l'arrêt, voire même d'après ses motifs, à telle ou telle éventualité. Dès lors, la décision rendue à son profit lui reste définitivement acquise, sans qu'il y ait lieu de s'enquérir si la cour a entendu ou non soumettre son privilège à une liquidation ultérieure. Comme nous l'avons déjà exprimé, ce n'est pas ce que la cour a voulu dire, dont il importe de se préoccuper, mais bien de ce qu'elle a dit en réalité. Un point incontestable, c'est le prononcé pur et simple de la distraction; par suite la créance de condamnation adjugée à Grandjean a passé dans la personne de l'avoué de celui-ci. D'où découlerait la conséquence, dans le système adverse, que cette même créance sortie du patrimoine du client, par l'effet légal de la distraction, y rentrerait de nouveau pour en sortir une seconde fois, si, par la liquidation des dépens, la fonderie de Montataire venait à être reconnue débitrice d'une somme quelconque. Il y a plus, toute compensation doit être forcément ou légale ou judiciaire : *légale*, elle ne l'est certainement pas ainsi que nous l'avons déjà démontré[2]; *judiciaire*, elle ne l'est pas davantage, puisqu'il est matériel qu'elle n'a pas été prononcée par le juge. Néanmoins, on insiste et on prétend que la distraction n'a pu être accordée à l'avoué qu'*hypothétiquement*. A notre avis, ce caractère hypothétique, attribué à la distraction, doit être reporté à cette assertion; car s'il est indéniable

1. *Bulletin de la taxe,* I, p. 131 et les autorités citées *in fine.*
2. V. suprà p. 40.

que les tribunaux ne peuvent, après le prononcé de leurs jugements, ni en changer, ni en refondre le dispositif, par quel moyen arriverait-on à n'attribuer qu'une existence précaire, *hypothétique*, éventuelle à la distraction accordée à l'avoué en termes précis et sans réserves? Enfin, M. Dutruc pense que la créance distraite ne prend réellement naissance qu'au moment même de la liquidation des dépens, qui, en la rendant liquide et exigible, la soumet aux règles concernant la compensation légale. Notre contradicteur a parfaitement compris qu'on ne fait pas du droit à sa guise et qu'en invoquant la compensation, il fallait nécessairement remplir les conditions voulues par la loi pour compenser. Aussi, pour faire cadrer sa thèse avec les principes qui régissent la compensation, il a dû, par un ingénieux détour, subordonner l'existence de la dette des dépens à l'événement de la liquidation. Nous ne voulons d'autre preuve de l'erreur où est tombé le savant publiciste; car il suffira de tirer les conclusions de sa doctrine pour en faire ressortir l'inexactitude. En effet, si la naissance de la créance des dépens se plaçait à une époque postérieure à l'arrêt, prononçant la distraction, il en résulterait que la cour aurait statué *in futurum* sur un objet inexistant, ce qui est démenti par ses propres déclarations. De plus, si la dette, mise à la charge de la fonderie de Montataire, n'avait pas d'existence certaine, comment l'arrêt aurait-il pu la distraire au profit de l'avoué? Comment aussi le montant de cette distraction acquise à l'avoué d'une manière irrévocable, puisque le droit de celui-ci n'a été subordonné à aucune condition, viendrait-il s'éteindre dans une compensation légale, à laquelle celui-ci est étranger, entre les créances et les dettes respectives des parties litigantes?

Le plus sérieux reproche, auquel donne prise notre système, n'a pas été touché. Supposons que, dans l'espèce soumise à la cour de Nancy, Grandjean soit insolvable. On serait alors autorisé à nous objecter que notre système aboutit à de déplorables résultats; car la société de Montataire, contrainte de payer à l'avoué distractionnaire le cinquième des dépens, se trouverait ensuite privée de tout recours utile contre Grandjean. D'où la conséquence qu'elle aurait à solder non seulement les frais mis à sa charge, mais encore ceux auxquels elle n'a pas été condamnée. La justice exige, pourrait-on nous opposer, que la distraction ne puisse s'opérer que sur l'excédent, dont la partie sera reconnue créancière après compensation. Si les tribunaux n'avaient en leur pouvoir d'autre remède pour parer à cet état de choses, nous comprendrions la portée de l'objection. Mais pourquoi recourir à des sous-entendus, lorsque le juge, comme l'enseigne très justement M. Larombière [1], a toujours le moyen de pourvoir à toutes les situations. L'insolvabilité de l'un des contestants est-elle à redouter? on condamnera dans cette hypothèse chaque partie à supporter, par exemple, les frais qu'elle a personnellement exposés, au lieu d'en faire une masse à répartir dans des proportions égales ou différentes.

1. *Traité des oblig.*, III, art. 1291, n° 8.

Nous persistons donc à croire que la créance privilégiée, résultant de la distraction, assure à l'avoué le pouvoir de poursuivre le remboursement de la somme distraite à son profit, sans qu'aucune compensation des sommes dues par son client puisse lui être opposée. Et cette règle ne reçoit même pas exception, au cas où le jugement de condamnation aurait ordonné qu'il sera fait masse des dépens pour être supportés par les plaideurs dans des proportions inégales et alors même que l'un d'eux a fait des avances supérieures à la quotité mise à sa charge[1]. La compensation, en effet, suppose une imputation réciproque de payements. Les rédacteurs du code n'ont pas voulu que la compensation eût lieu quand le payement ne saurait être exigé, Or, il est clair que le débiteur se trouve dans l'impossibilité de payer tant que les dépens n'ont pas été liquidés, puisqu'il ne saura qu'après la liquidation s'il est débiteur ou créancier. Et alors se pose cette alternative : ou bien, suivant le texte de l'arrêt, la compensation s'est produite dans l'instant où la décision a été rendue, c'est-à-dire à une époque où les créances respectives de dépens n'étaient ni liquides ni exigibles; ou bien, comme l'enseigne M. Dutruc, elle s'est opérée lors de la liquidation des dépens, c'est-à-dire à un moment où, par une conséquence rigoureuse du principe de la distraction, l'un des litigateurs n'était plus créancier de son adversaire. Dans les deux alternatives, les conditions exigées par la loi pour la compensation légale font absolument défaut.

Dailleurs, sortons du domaine spéculatif pour descendre dans la pratique : quel est, en général, le véritable créancier des avances faites pour l'instruction du procès, sinon l'avoué. Ce serait donc la créance de celui-ci, qui servirait à éteindre la dette de son client. Par conséquent, le privilège de la distraction, consacre le plus souvent une réalité et non une fiction. Il est du reste si utile aux personnes pauvres, exposées sans lui à manquer de défenseurs, que, dans tous les temps, la jurisprudence a sagement écarté tous les obstacles de nature à entraver l'accomplissement de ses conséquences légales. Au surplus, la cour suprême a définitivement tranché la question en décidant que les frais et honoraires dus à l'avoué ne sont pas susceptibles d'entrer en compensation, s'ils n'ont pas été réglés par la taxe[2]. L'éminent président de la cour de Paris, va même plus loin[3] : il lui paraît impossible que le juge, en prononçant la distraction au profit de l'avoué, ait le pouvoir d'en subordonner l'effet à une compensation préalable.

1. Cass., 11 déc. 1834; — 18 avril 1854; — 22 août 1865; — Angers, 24 mai 1843; — Paris, 15 déc. 1855; — Montpellier, 11 mai 1869; — Besançon, 23 fév. 1872; — Larombière, *Traité des oblig.*, III, art. 1291, n°s 8 et 17; — Demolombe, *Contrats*, t. V, p. 389, n° 526; — Merlin, v° *Distract. des dépens*; — Chauveau sur Carré, *Quest.*, 568; — Ferrière, v° *Dépens*; — Pothier, *Contrat de mariage*, n° 12; — Rousseau et Laisney, Dict. proc. civ., v° *Dépens*, n° 121. — *Contrà*, Chauveau, *Suppl.*, t. VII, n° 568; — Boucher d'Argis et Alex. Sorel, v° *Distraction des dépens*, p. 225.

2. Cass., 18 avril 1854; — 22 août 1855; — Angers, 24 mars 1843, et les autorités citées à la note qui précède.

3. Larombière, *loc. cit.*, p. 628,

Quoi qu'il en soit, il est certain que si le jugement ne s'explique pas à cet égard, on ne saurait, sans violation de tous les principes, suppléer cette mention et soumettre les effets de la distraction à l'événement de la liquidation des dépens. Encore une fois, pourquoi recourir à des sous-entendus, lorsqu'il est si facile de faire, d'un mot, évanouir toutes les équivoques? Pourquoi voir de préférence dans un dispositif ce qui n'existe pas, au lieu et place d'une mention formelle, portée dans une décision judiciaire?

Fontainebleau. — E. Bourges, imp. breveté.

PETITE ENCYCLOPÉDIE JURIDIQUE

Sous ce titre, nous publions une série de volumes in-18 jésus dans lesquels toutes les matières de Droit civil, pénal, commercial et administratif se trouveront traitées, à un point de vue essentiellement pratique, et sous forme de manuels se vendant séparément. Cette collection formera un véritable **Répertoire général du Droit**, tenu constamment au courant de la législation et de la jurisprudence les plus récentes.

Voici la liste des ouvrages déjà parus :

Code des Théâtres, contenant un exposé des principes juridiques, le texte des principaux décrets, circulaires et règlements, etc., par CHARLES CONSTANT, avocat à la cour de Paris, 1882, 2e édition, 1 vol. 3 50

Code de la Chasse et de la Louveterie, commentaire de la loi du 3 mai 1844, modifiée par celle du 22 janvier 1874; traité sur la louveterie, etc.; par P. LEBLOND, avocat à la cour de Rouen. 1878, 2 vol. 6 »

Code municipal ou Manuel des conseillers municipaux, contenant l'exposé de la législation municipale et les solutions pratiques des questions qui peuvent intéresser les communes et les conseillers municipaux, par AMBROISE RENDU, avocat à la cour de Paris. 1879, 2 vol. 6 »

Code de l'Officier de l'état civil, avec tables et formules, par A. ADDENET, ancien procureur de la République. 1879, 1 vol. 3 50

Code des Propriétaires de bois et forêts, locataires de chasses; de leur responsabilité par suite des dégâts causés par le gros et le petit gibier; par M. FRÉMY, juge suppléant à Senlis. 1879, 1 vol. 2 »

Codes de la Propriété industrielle, Manuels pratiques des législations française et étrangères à l'usage des inventeurs et des fabricants, par AMBROISE RENDU, avocat à la cour de Paris :

- Brevets d'invention. 1879, 1 vol. 3 50
- Contrefaçon des inventions brevetées. 1880, 1 vol. 3 50
- Marques de fabrique. 1880, 1 vol. 3 50

Code départemental ou Manuel des conseillers généraux et d'arrondissement, commentaire pratique de la loi du 21 août 1871, et des lois relatives à l'administration départementale, au budget, à l'instruction publique, etc., par CHARLES CONSTANT, avocat à la cour de Paris. 1880, 2 vol. 7 »

Code des Règlements d'Ordres, soit amiables, soit judiciaires et des collocations des créanciers, par A. ULRY, juge chargé des ordres à Guéret. 1881, 2 vol. 7 »

Code des Réunions publiques, électorales et privées. Commentaire pratique de la loi du 30 juin 1881, par CH. CONSTANT, avocat à la cour de Paris. 1881, 1 vol. 2 »

Code des Établissements industriels, contenant la législation et la jurisprudence concernant les ateliers dangereux, insalubres ou incommodes, etc., par CH. CONSTANT, avocat à la cour de Paris, 1881, 1 vol. 3 50

Code des Juges de paix, considérés comme officiers de police judiciaire, auxiliaires du procureur de la République et délégués du juge d'instruction, par A. SCOHYERS, ancien avoué, juge de paix du canton de Courville. 1881, 1 vol. 2 »

Code rural, régime du sol, police rurale, régime des eaux, etc.; par P. DE CROOS, avocat à Béthune. 1882, 2 vol. 7 »

Code électoral, formation et revision annuelle des listes électorales, d'après la jurisprudence de la cour de cassation, par E. GREFFIER, conseiller à la cour de cassation. 1882, 1 vol. 3 50

Code des Chemins vicinaux et des Routes départementales, par A. GISCLARD, ancien conseiller de préfecture, avocat à Périgueux. 1882, 2 vol. 7 »

Code des Chemins de fer d'intérêt local, par le même auteur. 1882, 1 vol. 3 »

Code de la Presse, commentaire de la loi du 29 juillet 1881, par C. BAZILLE, avocat à la cour de cassation, et CH. CONSTANT, avocat à la cour de Paris. 1883, 1 vol. 4 »

Code des Transports de marchandises par chemins de fer, par L.-J.-D. FÉRAUD-GIRAUD, conseiller à la cour de cassation. 1883, 2 vol.

Fontainebleau. — E. Bourges, imp. breveté.

www.ingramcontent.com/pod-product-compliance
Ingram Content Group UK Ltd.
Pitfield, Milton Keynes, MK11 3LW, UK
UKHW021517260726
13993UKWH00004B/1717

9 782329 142777